AF366332

Anatomía
de la
creatividad

Anatomía de la creatividad

Llorenç Guilera

Colección: Gestiona
Director: David Soler

Anatomía de la creatividad
1.ª edición, 2011
2.ª edición, 2020

© 2011, FUNDIT y Llorenç Guilera Agüera.
© 2020, Llorenç Guilera Agüera
© de esta edición, incluido el diseño de la cubierta, ICG Marge, SL

Edita: Marge Books
València, 558 - 08026 Barcelona
Tel. 931 429 486 - marge@margebooks.com
www.margebooks.com

Gestión editorial: Adrià Gibernau
Revisión: Gemma Gómez Duran y ESDi - Unitat Departamental de Teoria i Anàlisi del Disseny
Diseño gráfico y maquetación: Laia Sacares Bueno, Caterina Canet Gonzàlez y Anna Alonso Mitjavila
Compaginación: Mercedes Lara
Impresión: Prodigitalk, SL (Martorell, Barcelona)

ISBN edición impresa: 978-84-17903-54-1
ISBN edición digital: 978-84-17903-55-8
Depósito Legal: B 11345-2020

El papel empleado en este libro no ha sido blanqueado con cloro elemental (CI_2).

El autor

Llorenç Guilera Agüera es ingeniero industrial y doctor en Psicología y se ha especializado en la docencia e investigación de la creatividad, la inteligencia y las competencias directivas.

Es el creador del Taller de inteligencia eficaz, es profesor del Máster en Psicocreatividad y, asimismo, del doctorado de Percepción, comunicación y tiempo. Es autor del libro *Más allá de la inteligencia emocional: las cinco dimensiones de la mente;* colaborador científico de la revista Mente Sana, que dirige Jorge Bucay, y autor de numerosos artículos en revistas especializadas. Dirige el Congreso Internacional de Diseño e Innovación de Cataluña.

Ha trabajado en empresas multinacionales del sector de las tecnologías de la información y de la comunicación, y en la Universidad Autónoma de Barcelona. Actualmente es director de la Escuela Superior de Diseño ESDi de la Universidad Ramon Llull.

Agradecimientos

A todos los alumnos que he tenido por lo mucho
que me han enseñado en los juegos que hemos
compartido en los Talleres de Inteligencia
y de Creatividad.

A Antoni Garrell y a la Escuela Superior de Diseño
ESDi, ejemplos de empuje a la creatividad
y la innovación.

Al profesor Santiago Estaún.
Él sabe muy bien por qué.

Índice

Prólogo

Día a día los humanos con nuestra capacidad de observar, analizar y tomar decisiones aportamos nuevas soluciones a los problemas existentes o, aún mejor, evitamos que surjan los problemas anticipándonos incluso a su formación. Sin duda, el proceso creativo, entendido como la capacidad de modificar la realidad aportando las soluciones óptimas a los problemas concretos, es una capacidad humana que se desarrolla en un entorno de máxima complejidad ya que exige tratar paralelamente aspectos ambientales, económicos, sociales, productivos, antropológicos, de sostenibilidad, etc.

Por todo esto, el proceso creativo exige ser tratado con metodología y planificación. Como muy acertadamente explicita el Dr. Guilera en el presente libro *"si buscamos la aparición de la idea feliz sin método, tendremos escasas probabilidades de éxito. Tenemos que evitar caer en el mito de las musas que aparecen al azar por inspiración divina. La inspiración viene al azar rarísimas veces. Lo normal es que venga de la transpiración"*.

En consecuencia, entendemos el proceso creativo como el resultado de la aplicación sistemática de una metodología y de una planificación que no coarten la libertad de creación, la cual puede ser transformación o ser ex novo, es decir, creación de cosas inexistentes. El proceso creativo exige, por un lado, adquirir las capacidades que permiten superar las barreras externas, ya sean aquellas propias del entorno cultural, ambiental, productivo y económico, como también las barreras internas o psíquicas, surgidas de la inseguridad por la falta de conocimientos y habilidades o de los hábitos adquiridos. Por otro lado, deben conocerse las técnicas y conocimientos asociados al proceso creativo, que se desarrollará con metodología científica, tal como la definía Francis Bacon. Para este filósofo, es fundamental la observación, que se aplica atentamente con la totalidad de los sentidos a estudiar los fenómenos o problemas, y después es el turno de la deducción, que extrae los principios y leyes que rigen el fenómeno o problema estudiado.

Superar las barreras, internas y externas, y dominar la metodología científica exige estar formado en las técnicas y métodos del proceso creativo, es decir, el conjunto de conocimientos que permiten superar las expectativas, identificar las oportunidades y aportar soluciones que, incorporando la belleza y la sugestividad de las formas, están llenas de contenido.

Son métodos y procesos que cuando el creador, ya sea diseñador o artista, combina con los conocimientos de su especialidad, le permiten dominar las técnicas comunicativas, compositivas, cromáticas, de análisis, de evaluación, de reciclaje y de dotación de una nueva vida al producto creado. Es decir, todos aquellos conocimientos requeridos para idear productos que sean eficientes y eficaces a lo largo de todo su ciclo de vida.

Realmente la complejidad del proceso creativo es muy alta, ya que exige una gran capacidad de observación y de anticipación, consecuentemente es un proceso mental de gran capacidad de abstracción. No es ajeno a los estímulos sensoriales, a veces ruidos y filtros distorsionadores que se perciben con fuerza pero que debe saber verles el grado de importancia. El proceso creativo se desarrolla, en un porcentaje muy elevado, por la necesidad de superar dificultades de todo tipo, que suelen provenir del ejercicio de la actividad profesional en mercados altamente competitivos, globales y sin regularizar. La necesidad del proceso creativo también puede ser por autorrealización, o lo que es lo mismo, al realizar nos realizamos.

Aun siendo realmente complejos el proceso creativo y el de formación de creativos, es muchísimo más complejo llegar a crear conocimiento del proceso en sí y divulgarlo. La divulgación es el acto supremo de compartir conocimiento. Además, al compartirlo, el conocimiento crece exponencialmente. Sin duda el libro que tenemos entre las manos, *Anatomía de la Creatividad*, escrito por el *Dr. Llorenç Guilera*, es una herramienta fundamental para comprender el proceso asociado a la creación y para avanzar en el mismo, siendo a la vez una prueba de ese convencimiento que el conocimiento divulgado y compartido permite el progreso de la colectividad, la competencia de los productos a nivel mundial y la evidencia explícita de la importancia del diseño en la evolución humana.

La lectura del libro debe afrontarse con el mismo ánimo y predisposición con que acudimos a las conferencias y las clases que sabemos que transforman nuestra actitud y nuestras habilidades. Los capítulos del libro juntos configuran un bloque armónico y equilibrado en el cual se tratan los aspectos objetivos que configuran los diversos conceptos concurrentes en el substrato de la creatividad. Hay conceptos y razonamientos tratados y explicados con una claridad que asimismo no rehúye de la complejidad del problema.

El autor, a mi entender, asume plenamente la afirmación de que *"si no sabes lo que buscas, no entenderás lo que encuentres"*.

Estamos delante de un libro de obligada lectura para todas aquellas personas que quieran dedicar su actividad vital a progresar en el ámbito del proceso creativo. Sin duda es la mejor forma de iniciar la colección *Design, Knowledge & Future*, porque sin comprender el proceso creativo y sin aplicarlo de una forma metódica que supere las barreras reales y psíquicas, el futuro no sería viable.

Antoni Garrell Guiu
Fundación para el ESDi (FUNDIT)
Director general

Anatomía
de la
creatividad

Introducción

Cuando me planteé la posibilidad de elaborar el presente texto, el diablillo pesimista que todos llevamos dentro –unos más que otros– me soltó al oído: "¿Estás seguro que vale la pena el esfuerzo? Date cuenta que ya hay muchos libros sobre el tema, y algunos de ellos francamente buenos".

Mi respuesta casi inmediata fue que sí, rotundamente sí. Siempre vale la pena el esfuerzo de intentar hacer algo nuevo y diferente a lo que ya existe. Hay que taparle la boca al diablillo interno aguafiestas. Y he usado la palabra "fiesta" en plena conciencia, porque crear algo es siempre una fiesta para el espíritu, un auténtico placer que creece a medida que vas superando barreras entre sudores y angustias, especialmente cuando, finalmente, logras culminar tu objetivo. Y, encima, cabe la esperanza de que tu obra sea bien valorada por sus destinatarios y ello te proporcione uno de los mejores placeres que existen en esta vida: saberte útil y apreciado.

Es muy difícil ser el primero en pisar una tierra ignota e inexplorada. Es el deseo íntimo de todos los creadores. Pero aportar visiones parcialmente nuevas, matices interesantes, nuevas maneras de ver y organizar los conocimientos disponibles, es en sí mismo un reto que bien merece la pena.

En esta obra he intentado aprovechar toda la experiencia acumulada durante los ya numerosos talleres de creatividad y de inteligencia que, con distintos tipos de asistentes, he ido llevando a cabo los últimos ocho años. Los profesores sabemos que intentar enseñar es la mejor manera de aprender. Yo tengo que agradecer aquí lo mucho que he aprendido de mis alumnos durante los talleres realizados. Sin sus aportaciones, que resultaría prolijo enumerar aquí, este libro no sería el mismo. Que conste.

También han sido fundamentales las aportaciones de los investigadores y los teóricos de la materia. Los más relevantes constan en la relación bibliográfica que cierra el libro.

Los contenidos del libro se estructuran en once capítulos y tres anexos.

En el capítulo 1 se relaciona la creatividad con el progreso de la civilización humana, a pesar de los daños colaterales que a veces pueda ocasionar, y se plantea que esta misma creatividad puede y debe ponerse al servicio de la subsanación de estos daños.

El capítulo 2 defiende brevemente la necesidad de educar la creatividad introduciendo talleres prácticos en todos los niveles educativos de la trayectoria escolar y académica.

La definición más teórica de la creatividad, los factores que la determinan y los procesos que comporta se presentan en el capítulo 3. Estos contenidos se relacionan con el capítulo 4, dónde hay una aproximación a las causas que hacen que el resultado de un proceso creativo sea aceptado o no por sus destinatarios.

El capítulo 5 es un pequeño paréntesis dedicado principalmente a algunas de las reflexiones significativas, especialmente dentro del ámbito de la psicología, que se han hecho sobre la personalidad de los creadores.

A continuación, y a un nivel más práctico, en el capítulo 6 se hace un repaso de los instrumentos de que disponemos para intentar la difícil (por no decir imposible) tarea de medir las distintas capacidades para la creatividad de los individuos.

En los capítulos 7 y 8 se exponen las principales ayudas que podemos darle a la creatividad y se enumeran las muchas barreras que la perjudican, con recomendaciones prácticas sobre las maneras de superarlas.

A continuación, en el capítulo 9 se quiere advertir al lector del conflicto que a veces se encontrará entre lo que le diga la razón y lo que le digan sus percepciones, sus instintos o sus emociones. Se intenta darle las claves para resolverlo y, sobre todo, buenas referencias de textos excelentes sobre este tema.

A poner orden al totum revolutum frecuente en buena parte de la literatura especializada se dedican los capítulos 10 y 11. En ellos se separa claramente la diferencia entre estrategias mentales para la resolución de problemas, técnicas de ayuda a la generación de ideas originales y métodos para encuadrar y organizar la globalidad del proceso creativo.

El libro se cierra con un Anexo I que detalla las fichas descriptivas de las principales técnicas creativas y un Anexo II que contiene las fichas descriptivas de los métodos creativos más utilizados.

El esfuerzo queda aquí puesto. El valor y la utilidad los juzgará el lector. Confío en su benevolencia.

Capítulo 1
La creatividad es progreso

"La creatividad es el arte de dar una nueva mirada a los viejos conocimientos. Todas las personas nacemos con un determinado potencial para la actividad creativa."

John E. Arnold
Profesor de Ingenieria del Diseño
Universidad de Stanford

Como primera aproximación a la definición de creatividad, diremos que es un proceso complejo, dinámico e integrador, que involucra simultáneamente factores perceptivos, cognoscitivos y emocionales. Se manifiesta en cualquier dominio del conocimiento: Bellas Artes, Humanidades, Diseño, Ciencias y Tecnologías, etc. Se asocia con percibir y pensar de forma original, única, novedosa, pero a la vez útil y bien valorada socialmente. Se refiere a la producción de algo nuevo, que amplía o transforma un conocimiento, un producto o un servicio, y que es aplaudido por los expertos de dicho dominio.

1.1 Los logros de la civilización

Aunque aun no hayamos definido con total precisión el concepto de *creatividad*, sabemos que la civilización actual ha conseguido sus logros (esto que llamamos *progreso*) gracias a la creatividad de un gran número de personas a veces reconocidas por la Historia, a veces anónimas. Son personas de distintos perfiles y extracciones sociales y culturales; personas centradas en distintos tipos de actividades: inventores, científicos, descubridores, tecnólogos, diseñadores, ingenieros, arquitectos, médicos, empresarios, artistas, líderes políticos, filósofos, etc. Son personas que marcaron hitos históricos aunque a veces la Historia haya olvidado sus nombres. Supieron impulsar cambios colectivos en la manera de afrontar la relación con nuestro entorno o con nuestros congéneres. Son personas que marcaron con sus acciones, sus pensamientos, sus ideas, sus realizaciones, un antes y un después en la evolución de la civilización humana. Y todos sabemos, asimismo, que a diferencia de la Luna, nuestra civilización no consigue ocultar su cara oscura. Tenemos una gran cantidad de problemas viejos mal resueltos y gran cantidad de problemas nuevos originados precisamente por aquello que llamamos progreso, es decir los cambios supuestamente positivos que hemos introducido en nuestra civilización. Podemos citar, entre los viejos problemas, la distribución injusta de la riqueza, los alimentos, la salud, la educación y cualquier beneficio que la civilización haya aportado. Podemos citar, entre los nuevos problemas, la contaminación del aire, la proliferación exponencial de basuras, las congestiones urbanas y el cambio climático.

En la *Figura 1* podemos ver representado, con sentido del humor, de qué manera la evolución, a partir de los grandes simios y los homínidos, ha llevado al hombre a caminar erguido y a manejar herramientas de caza. Después, es como si hubiese habido un retroceso porque la civilización ha hecho que este mismo hombre haya ido encogiéndose a causa de sus inventos hasta acabar agachado sobre un ordenador.

Figura 1. Visión con humor de la evolución humana.

1.2 La sociedad del conocimiento y la creatividad

Las grandes etapas del progreso humano se pueden representar de una manera muy simplificada y abreviada en la *Figura 2*. Las sociedades más primitivas avanzaron gracias a la agriculturización que les permitió disponer de tiempo y oportunidad para pensar en la satisfacción de nuevas necesidades. En el siglo XVIII la Revolución Industrial permitió disfrutar de un cúmulo de valores añadidos muy importantes para la sociedad humana. En el siglo XX los avances espectaculares de la informática, la electrónica y las telecomunicaciones permitieron el florecimiento de la Sociedad de la Información, un salto hacia adelante realmente impresionante. Gracias a las Tecnologías de la Información y la Comunicación todo el mundo puede actualmente –si dispone de conexión a Internet y la alfabetización digital necesaria– acceder, con tiempos de respuesta casi instantáneos y costes bajos, a depósitos prácticamente ilimitados de información de todos los dominios de actividad humana y a intercambiar información y experiencias con gran número de personas de no importa qué ubicación geográfica en el planeta.

Nos toca edificar ahora la Sociedad del Conocimiento y la Creatividad, profundizar en las tecnologías que puedan darle soporte. Ya no debe bastarnos con acceder a la información, debemos aprender a actuar con dicha información para poder tomar las acciones más adecuadas en cada ocasión. Tomando prestado de la Física un símil, diremos que se puede tener fuerza y utilizarla mal o no utilizarla. No se trata de tener fuerza inoperante o aplicada en el sentido erróneo; se trata de desplazar la fuerza en el sentido adecuado para realizar un trabajo útil. No son las fuerzas lo que cambia el mundo, son los trabajos realizados. Con la información pasa lo mismo: se trata de aplicar la información correcta para impulsar las acciones adecuadas. Saber para qué sirve cada información es lo que llamamos conocimiento. Y cuando las situaciones son nuevas y no nos bastan o no nos satisfacen los conocimientos adquiridos, es cuando tenemos que recurrir a la creatividad. Tampoco aquí nos conviene caer en el engaño. No son las informaciones lo que mueve el mundo hacia el progreso; son las actuaciones basadas en los conocimientos y la creatividad.

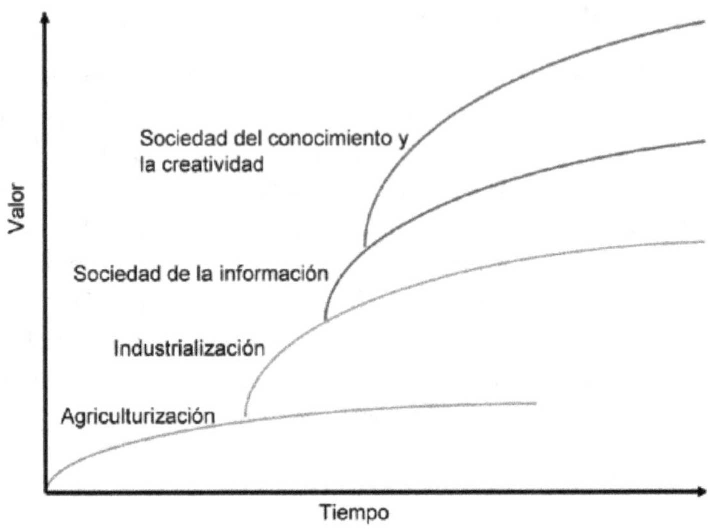

Figura 2. Las grandes etapas del progreso humano.

1.3 La creatividad nos permitirá seguir progresando

En palabras de Penagos & Aluni (2000): "Los problemas del mundo contemporáneo son evidentes: hambre, guerra, analfabetismo, injusticia, contaminación, criminalidad, delincuencia y una interminable lista de fenómenos similares. ¿Estos problemas se van a resolver solos? ¿Se van a resolver sólo con la buena intención de quien desea resolverlos? Tal vez lo primero que se necesite para empezar a resolver estos problemas es, sin duda, el deseo de resolverlos, el compromiso decidido para solucionarlos y, entre otras cosas, el conocimiento técnico para iniciar acciones. Sin embargo, es claro que ha habido buenas intenciones, compromiso y conocimiento, pero esto no ha permitido su solución. Las respuestas que se han dado hasta ahora no han sido suficientemente buenas; no ha habido la suficiente dosis de eficiencia, eficacia y/o relevancia en la empresa de resolverlos. Falta creatividad."

Sólo una aportación continua y cada vez mayor de creatividad nos permitirá eliminar (o por lo menos reducir) los problemas de la civilización actual. Sólo una apuesta decidida y colectiva por la creatividad en todos los órdenes de las actividades humanas nos permitirá seguir progresando.

Volviendo a citar a Penagos & Aluni (2000): "La creatividad es una condición necesaria para el crecimiento de un país, para el desarrollo de la humanidad, para la calidad de lo humano. [...] La creatividad es a la humanidad lo que la evolución a todas las especies. Seremos más humanos cuanto más creativos seamos."

Es una lástima que, como nos advirtió Koestler (1964), invertimos bastante tiempo imaginando cómo mejorar el mundo que tenemos y, en cambio, muy poco imaginando cómo podríamos construir un mundo mejor.

Capítulo 2
Hay que educar la creatividad

"Un niño es altamente creativo hasta que empieza a ir a escuela."

Stanly Czurles
Director of art education
New York State College for teachers

Se ha demostrado que al nacer todos los humanos tenemos capacidades creativas bastante elevadas y que el entorno y la educación recibida pueden favorecerlas o, por el contrario, inhibirlas hasta hacerlas desaparecer.

Si el sistema educativo de un país está enfocado a tener ciudadanos conformistas y obedientes, se dedicará a castrar cualquier atisbo de creatividad, porque la creatividad es, por naturaleza, inconformista y divergente. Si, por el contrario, está enfocado a educar y promover la creatividad de las personas, desde la infancia hasta los niveles universitarios más altos, se producirá el efecto multiplicador de un triángulo virtuoso. En este caso, las personas, los sistemas educativos y la sociedad del conocimiento se interrelacionan y se influyen mutuamente de forma benéfica.

Las personas creativas encuentran en el entorno cultural que les rodea estímulos de todo tipo para el desarrollo de pensamientos originales y enriquecen el inventario de soluciones creativas que han ayudado a dar más calidad de vida a la sociedad. Un bagaje más rico de soluciones ingeniosas en todos los ámbitos contribuye, por ósmosis, a que el sistema educativo sea más efectivo en la transmisión de la imaginación y la inventiva, con lo cual se desarrollará con mayor potencia la creatividad de los alumnos, cerrándose así el triángulo virtuoso de crecimiento del país en creatividad e innovación.

Un país que pretende progresar está obligado, en consecuencia, a velar por la inclusión del cultivo de la creatividad en todos los niveles educativos. No basta con educar las aptitudes de los que escogen carreras de Bellas Artes o Diseño. No basta con abordarlas cuando el alumno entra en la universidad. Si intervenimos tarde, hemos dejado escapar todo un potencial que quizá ya no podamos recuperar.

Tiene que implantarse una educación basada en talleres prácticos, que combine el pensamiento creador originado en el aula con su aplicación en el mundo real. Desde la más tierna infancia los alumnos pueden y deben aprender a pensar con originalidad, a saber que hay mucho por inventar, que todo lo que nos rodea es susceptible de ser mejorado, que no tenemos que mostrarnos pasivos y conformistas frente a las molestias cotidianas de los objetos, herramientas y servicios que nos rodean y, mucho menos aún, con los viejos y terribles males endémicos de pobreza, enfermedades e injusticia que sufre una parte tremendamente enorme del planeta.

Una ayuda importante para la estimulación y el desarrollo de la creatividad profesional es la introducción en los planes de estudio de las carreras universitarias de talleres interactivos de resolución de problemas enfocados a casos reales de la profesión. Es una enseñanza basada en casos prácticos. A día de hoy son muy escasos los estudios de grado que contemplan este enfoque en los países de habla hispana y escasa es también la preparación que tienen muchos docentes para enseñarla.

Los profesores de cualquier nivel educativo deberían aplicar instrumentos específicos para identificar el potencial creador de sus estudiantes y deberían utilizar problemas abiertos que tengan un carácter heurístico — ¡basta ya de tantos problemas cerrados de soluciones únicas! — con el fin de facilitar el proceso de desarrollo hacia la creatividad profesional.

Diálogo entre generaciones

Una anécdota que circula por Internet -probablemente inventada y de autor anónimo- nos servirá para poner de relieve hasta qué punto es necesaria una educación en creatividad. Especialmente sirve para este segmento, desgraciadamente creciente, de jóvenes que ni estudian, ni trabajan, pero opinan (están en su derecho) sobre lo que ven. La anécdota dice así:

Un presumido joven que se encuentra en un autobús lleno hasta los topes se toma la molestia de explicarle a un señor mayor sentado a su lado, por qué le es imposible a la vieja generación comprender a su generación.

Usted creció en un mundo diferente, realmente bastante primitivo -dice en voz lo suficientemente alta para que lo escuchen alrededor-. Los jóvenes de hoy hemos crecido con televisión, Internet, aviones jet, viajes al espacio, el hombre caminando en la luna. Nuestras sondas espaciales han visitado Marte... Tenemos naves con energía nuclear y coches eléctricos y de hidrógeno. Ordenadores que procesan datos casi a la velocidad de la luz... y más.

Después de un breve silencio el señor mayor le responde: -Tienes razón, hijo. Nosotros no tuvimos esas cosas cuando éramos jóvenes... ¡así que las inventamos! Ahora, arrogante jovencito, dime ¿qué estás haciendo tú para la próxima generación?

Capítulo 3
Visión general de la creatividad

"Parece bastante evidente que no existe un único proceso creativo, parece más bien que hay tantos procesos creativos como personas creativas."

H. Herbert Fox
Crítico de creatividad en las ciencias

Intentemos una aproximación más rigurosa al tema de comprender qué es la creatividad y qué factores la conforman. ¿Podemos definir con mayor precisión en qué consiste? ¿Se halla en el autor? ¿Está en el proceso? ¿Se puede aplicar al producto? ¿Depende de la subjetividad del observador?

3.1 Poder divino, poder humano

Etimológicamente la palabra *crear* proviene del latín *creare* y significa "producir, engendrar a partir de la nada". Es un poder que las religiones monoteístas atribuyen al Dios omnipotente, Creador de todas las cosas. En el libro del Génesis del Antiguo Testamento leemos que Dios creó el cielo y la tierra de la nada (San Agustín, De civita Dei, 22,14: "qui creavit concta de nihilo").

Dios es considerado, pues, el Creador por antonomasia (con mayúscula). Así es como desde los comienzos de la Humanidad se ha expandido la idea de que la creación es un atributo divino que, merced a la gracia de Dios, era entregado como "un don" solamente a ciertos seres humanos considerados por el resto como "elegidos". Platón hablaba del artista como instrumento de la divinidad y Sócrates creía que el don se poseía por inspiración de la divinidad, que era la que movía al creador.

Evidentemente, los humanos sólo podemos engendrar nuevas cosas a partir de las cosas ya existentes. Se dice que una persona es un creador (con minúscula) cuando ha combinado ideas y cosas existentes, supuestamente dispares, de una manera original, nueva, no conocida hasta entonces por sus congéneres, formando un todo útil y funcional. Toda creación humana se basa en la combinación novedosa de lo existente. Se reestructura lo ya conocido para hallar algo nuevo. Se combinan de manera nueva o poco habitual materiales, herramientas, tecnologías, procedimientos, ideas, palabras, símbolos, colores, formas, sonidos, movimientos, y conformar de este modo productos, servicios o significados que antes no existían. A los humanos nos está negado crear a partir de la nada.

Quizás por esta causa algunos prefieren el adjetivo "creativo" al de "creador" cuando lo aplican a una persona. Es bastante común, sin embargo, usar creativo y creador (con minúscula) como si fueran sinónimos.

Por otra parte, hemos visto en varias ocasiones que los creativos de publicidad pretenden tener la exclusiva de esta denominación, pero parece desaforado coger la acepción 3ª de la palabra en el Diccionario de la Real Academia de la Lengua Española e ignorar las acepciones 1ª y 2ª que le preceden.

creativo, va.

> 1. adj. Que posee o estimula la capacidad de creación, invención, etc.
> 2. adj. ant. Capaz de crear algo.

Como es natural, el poder de crear acerca el humano a su idea de divinidad. No es por casualidad que muchos creadores se sienten "divinos" y son admirados y tratados como tales por colectivos faltos de creatividad propia, propensos a idolatrar todo aquello que no comprenden.

3.2 ¿Cómo definimos la creatividad?

Las definiciones se elaboran para aproximarnos a los conceptos pero casi nunca logran configurarlos y concretarlos al completo. Según parece, la utilización de este concepto es bastante moderna: el término *creativity* no estuvo incluido en el Oxford English Dictionary hasta 1875 y el término *creatividad* se introdujo por primera vez en el Diccionario de la Real Academia Española en 1984.

Una primera definición bastante actual y aceptable sería la siguiente: "Creatividad es *percibir, idear, expresar y convertir en realidad algo nuevo y valioso*".
Como pasa con muchos otros conceptos básicos, podemos hallar tantas definiciones distintas de *creatividad* como autores se han aproximado a investigar su

teoría. Muchos autores han manifestado que es un concepto huidizo, nebuloso, sumamente difícil de encerrar con precisión en una única definición (cosa que, por otra parte, se podría afirmar de cualquier concepto de naturaleza abstracta). Según Runco & Sakamoto (1999), la creatividad se encuentra entre las conductas humanas más complejas; está influida por una amplia serie de experiencias evolutivas, sociales y educativas, y se manifiesta de manera diferente en cada dominio del conocimiento.

Revisando docenas de definiciones de los principales teóricos, hemos visto que todas son algo incompletas pero que todas ellas abarcan siempre uno o más de los cuatro enfoques parciales posibles:

- El autor.
- El producto.
- El proceso.
- La dimensión social y cultural.

Y esto ocurre porque estos cuatro aspectos intervienen siempre en la creatividad. Un buen resultado puede ser consecuencia de una acción al azar de una persona muy poco creativa; personas de baja capacidad creativa pueden conseguir buenos resultados si aplican técnicas y métodos solventes en su proceso pensante y, por el contrario, personas de alta capacidad creativa pueden fracasar en la obtención de un buen resultado cuando no aplican técnicas y métodos apropiados. Y, por otro lado, la Historia está llena de ejemplos de creadores cuya obra no ha tenido el reconocimiento social que merecía hasta años después de su defunción.

Es decir, la creatividad de una persona radica en la conjunción de una *actitud*, un *conjunto de aptitudes* y una manera de trabajar siguiendo un *conjunto de reglas, técnicas* y *métodos*. La creatividad de un *resultado* del proceso de creación (pensamiento, objeto o servicio) radica en la consecución de determinadas características. En cualquier caso, es siempre la sociedad a través de sus expertos en la materia particular de que se trate, y no el autor, quién evalúa y determina el *valor social* que se le otorga al autor y a sus obras.

Una definición completa y precisa del concepto creatividad (ver *Figura 3*) debería contemplar, pues, estas cuatro facetas del acto creativo: en primer lugar las aptitudes y actitudes necesarias en el autor, en segundo lugar el proceso a seguir, en tercer lugar las características a obtener en la obra y, en cuarto y último lugar la evaluación que del conjunto efectúa la sociedad en la que se insiere.

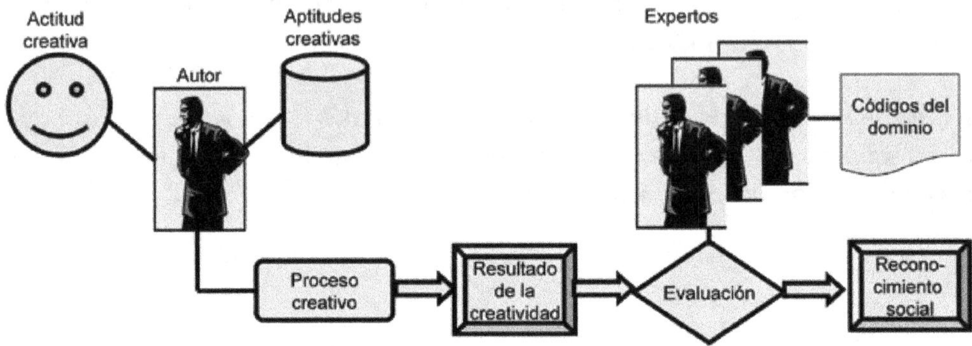

Figura 3. Esquema básico de la creatividad.

Desde la Psicología de la Creatividad se ha elaborado la siguiente definición que contempla de manera implícita los cuatro niveles: "Creatividad es el estado de conciencia que permite generar una red de relaciones y conexiones mentales para *identificar, plantear y resolver problemas de manera relevante y divergente*".

3.3 La actitud creativa

El mundo está lleno de personas con aptitudes creativas que no las utilizan porque les falta la actitud necesaria. Muchas de ellas tienen problemas de autoestima y están erróneamente convencidas de que no han nacido para aportar nada nuevo. O les falta curiosidad. O les falta motivación. El primer paso para afrontar el reto que supone el acto de crear es tener la actitud adecuada. La Psicología de la Creatividad considera que la actitud creativa está formada por los siguientes componentes:

3.3.1 Instinto de curiosidad

La curiosidad es un instinto antagónico al instinto de conservación, es lo que nos lleva a vivir nuevas experiencias. La curiosidad es valentía y nos empuja a afrontar riesgos para conocer cosas nuevas a pesar de que puedan entrañar peligro para la integridad física. Es el instinto que ha movido a todos los grandes inventores, descubridores y artistas. Muchas personas han perdido su vida por haber acallado su instinto de conservación y haber seguido el impulso de su curiosidad. Es lo que ejemplifica el antiguo mito griego de Ícaro. Sin pagar este precio colectivo no habríamos alcanzado prácticamente ninguno de los beneficios de la civilización. La curiosidad es el primer motor de la creatividad. Sin curiosidad no hay búsqueda; y sin búsqueda, es casi imposible que se produzca el hallazgo.

La curiosidad innata es muy fuerte en los niños y llega a un punto álgido sobre los 6 o 7 años, momento en el que acostumbra a menguar, muy probablemente por culpa del rechazo que reciben del entorno educativo y social. Muchos maestros y profesores ven las preguntas de los alumnos como una interrupción y una desviación del hilo conductor de sus clases. O más triste aún, como una amenaza que les pondrá en evidencia. Afortunadamente, en la universidad actual se están postergando cada vez más las clases magistrales en las que sólo se admitían preguntas al final (cuando ya ha sonado el timbre y todos los alumnos se quieren ir).

Sin curiosidad, no hay aprendizaje. Los profesores saben perfectamente que si quieren obtener la atención de sus alumnos, tienen que despertarles su curiosidad. El reto subsiguiente, obviamente, será saberla satisfacer.

3.3.2 Inconformismo

El creador es *inconformista*. Tiene *actitud transgresora*. No se conforma con las explicaciones y las soluciones consabidas y aceptadas por la sociedad establecida. Se mueve con soltura y libertad a pesar de las posibles presiones y restricciones de su entorno. Desarrolla ideas razonables en contra de la corriente social. Se plantea sistemáticamente la posibilidad de mejorar lo existente con alternativas nuevas. Tiene capacidad para analizar lo opuesto, para visualizar lo diferente, para contrariar el juicio de la mayoría, para encontrar caminos diferentes.

Según Joy Paul Guilford (1991), el creador debe "huir de lo obvio, lo seguro y lo previsible".

3.3.3 Motivación

Un creador tiene alta *motivación*. Posee una fuerza interior constante que le obliga a actuar hacia el cumplimiento de sus objetivos. Tiene la necesidad de consolidar su identidad personal a través de la transformación positiva del mundo que le rodea. Percibe los problemas o dificultades como un desafío y los afronta con pasión.

La motivación del creador es una pulsión íntima e intrínseca que no depende ni de ambientes ni de estímulos externos. Muy a menudo, pero no siempre, obedece al deseo íntimo de conseguir la aceptación y el afecto de los demás, o, a modo de premio de consolación, el aplauso, la admiración y el respeto. Se puede incrementar con dinero, promesas de futuro prestigio o de placeres deseados, pero si no hay una voluntad inicial de resolver un problema, de perseguir una satisfacción intelectual o emocional, bien poco podrá mejorarse.

Se ha comprobado que cuando la motivación es suficientemente fuerte, la mente creativa advierte más fácilmente la diversidad de enfoques y la multiplicidad de vías alternativas para acceder al objetivo. En otras palabras: la motivación influye positivamente en la fluidez mental.

Los enemigos mortales de la motivación son el cansancio, el rechazo social y los fracasos continuados.

3.3.4 Iniciativa

No se puede crear sin tener *iniciativa*. Hace falta disposición personal para idear y emprender actividades, para dirigir acciones, para protagonizar, promover y desarrollar ideas desde las primeras filas, para liderar equipos de trabajo. Gracias a su iniciativa, el creador logra que se promuevan ágilmente actuaciones y se obtengan los recursos necesarios venciendo los obstáculos. Tener iniciativa es, además, la garantía de que la toma de decisiones inherentes al proceso creativo se hará con la rapidez necesaria y no se perderán las oportunidades.

3.3.5 Profundidad

El creador es inconformista, pero esto no puede quedar en una simple actitud de rebeldía, debe ir más allá y profundizar en aquello que no le gusta y encontrar los porqués de esta situación. Esto a menudo implica riesgos. Tal como afirma Manuela Romo (1997), "los mecanismos mentales de la creación funcionan rompiendo las cadenas de la experiencia previa, reinterpretando las viejas preguntas que no han encontrado solución".

Las personas creativas piensan con *profundidad*. No se conforman con las respuestas consabidas y elementales, les sacan punta a las situaciones, buscando aspectos y matices no tan aparentes ni tan visibles en primera instancia.

3.3.6 Perseverancia

Disponer de entusiasmo a prueba de bombas, tener capacidad para resistir la frustración de los fracasos, aprender de ellos y persistir en la búsqueda de la solución deseada con tenacidad y sin desfallecer son características inherentes a los creadores. La perseverancia suele basarse en la autoestima y en la fe en la propia obra. Es un indicador claro de energía y poder de las convicciones, de vigor y fortaleza espiritual. Thomas Edison, en su búsqueda del filamento perfecto para su bombilla incandescente, ensayó todo lo que se le ocurrió, incluidos los pelos de barba de un amigo. Cuando llevaba 1.000 intentos fallidos, un periodista le preguntó si se sentía frustrado por la falta de éxito y él contesto que "En absoluto, he ganado un montón de conocimientos: ahora conozco mil cosas que no funcionan". Necesitaría llegar hasta casi 1.800 intentos para encontrar lo que buscaba.

La perseverancia proporciona la *capacidad de concentración* necesaria para el proceso creativo. Un efecto colateral de esta concentración suele ser la *distorsión del tiempo*; es bastante típico que un creador pueda estar largas horas concentrado en su obsesión y pierda la noción del tiempo real transcurrido.

3.3.7 Autoestima

Donde todos los psicólogos coinciden es que para crear hace falta tener una *autoestima* alta. Es característica común de los creadores que valoren de manera positiva sus aptitudes y confíen en ellas para lograr el éxito en su empeño creativo.

Sin autoestima no hay la capacidad para la alegría, el juego y la pasión por la vida que están en la base de toda creatividad.

La autoestima es un principio dinámico del crecimiento y el perfeccionamiento personal y se refuerza con los logros adquiridos. A mayor autoestima, mayor creatividad; a mayor creatividad, mayor autoestima.

No coincide necesariamente con un autoconocimiento profundo. Puede ser un optimismo ilusorio o puede estar basada en el conocimiento real de sus potencialidades, sus fortalezas y debilidades.

3.4 Las aptitudes creativas

La actitud creativa es condición necesaria pero no suficiente para la creatividad. Si no viene acompañada de las aptitudes adecuadas puede resultar estéril. Como veremos a partir del capítulo 7, las aptitudes creativas se pueden aprender y entrenar. Existen técnicas y métodos para ello.

A continuación, se expone la recopilación de aptitudes creativas que se han estimado como más fundamentales de las muchas que se encuentran referenciadas en los distintos textos consultados. Se presentan en el orden en que son necesarias en el proceso creativo. Las explicaciones vinculadas a cada aptitud pretenden introducir cierta precisión en conceptos usados muy a menudo de una manera demasiado superficial y con fronteras comunes bastante difusas.

3.4.1 Sensibilidad perceptiva

Es la capacidad de captar a través de los sentidos el mundo que nos rodea y las distintas situaciones particulares, pero percibiendo detalles y matices que no todo el mundo ve. Es la capacidad de atender convenientemente los estímulos y alertas sensoriales.

Percibir la realidad de una manera distinta es la vía natural para llegar a la construcción de un nuevo concepto no existente y, en consecuencia, es uno de los pilares de la creatividad. Tan esencial es poder disponer de una gran sensibilidad perceptiva que Joy Paul Guilford (1950) expresó que "la creatividad es la inteligencia de los sentidos".

3.4.2 Detección y delimitación de problemas

Después de detectar un fenómeno con la sensibilidad perceptiva, entra en juego la intuición. Ésta nos permitirá cribar los problemas insignificantes de los relamente importantes. Es una capacidad básica para todo buen profesional.

De acuerdo con Torrance (1962) y Csikszentmihalyi (1988), la capacidad de detectar y delimitar un problema importante donde la mayoría de personas sólo ve normalidad o problemas insignificantes es una habilidad fundamental de las personas creativas. Es una consecuencia directa de su mayor sensibilidad perceptiva y su capacidad de intuir alternativas. De la misma manera que un científico debe partir de una hipótesis inicial para desarrollar, un creador debe partir de la detección de algo a solucionar o, como mínimo, mejorar.

3.4.3 Análisis de los problemas

Una vez tenemos el problema bien identificado, el siguiente paso es analizarlo. De esta manera podremos comprender su amplitud y lo podremos solucionar. Para el análisis vamos a precisar unas aptitudes concretas que detallaremos en los sucesivos subapartados.

a. Capacidad intuitiva

La intuición nos permite visualizar y comprender un conjunto a partir de un solo fragmento, nos da la capacidad espontánea de contrastar las situaciones nuevas con la experiencia acumulada y establecer en milésimas de segundo propuestas razonables de actuación.

b. Reconocimiento de pautas

Aunque es una capacidad que forma parte de la intuición, la destacamos atendiendo a la importancia que muchos autores le confieren. El cerebro humano es una máquina de reconocimiento de patrones. De manera a menudo inconsciente, tenemos almacenado un gran conjunto de patrones y pautas percibidos a lo largo de nuestras vivencias. Frente a una situación conflictiva nueva, nuestro hemisferio cerebral derecho (mente intuitiva) busca instantáneamente patrones de similitud con experiencias anteriores para establecer asociaciones que permitan determinar urgentemente maneras de afrontar la situación.

Las diferencias personales en esta cualidad pueden ser importantes y es innegable que incrementar el almacén de pautas creativas estudiando y analizando las creaciones de otros autores, aporta una mayor riqueza y ventajas evidentes.

c. Perspicacia

También forma parte de la intuición. Proporciona la comprensión profunda de una situación y nos advierte de cuáles son los datos más relevantes en medio de la pluralidad de datos. Mientras que las personas perspicaces van directamente al grano y al núcleo de un problema, las personas que no son perspicaces se pierden en lo accesorio y en lo irrelevante.

d. Racionalización

Es el poder de la función analítica y lógica del cerebro humano, la capacidad de deducir e inducir. La capacidad de optimizar el uso de los recursos y simplificar los procesos.

e. Flexibilidad mental

Para eludir las dificultades, barreras, bloqueos y fijaciones mentales nos hace falta la capacidad de saber cambiar de enfoque y reestructurar los conceptos. La flexibilidad mental es requisito imprescindible para el pensamiento divergente.

f. Fluidez mental

Es la capacidad para producir en poco tiempo ideas y soluciones alternativas en cantidad y calidad de una manera permanente y espontánea. Lo que Max Wertheimer (1945) denomina *pensamiento productivo*. En el Anexo III hemos reproducido un ejemplo de magnífica fluidez mental de un estudiante de Física de principios de Siglo XX.

3.4.4 Planificación de soluciones para los problemas

Acabamos de nombrar las principales aptitudes que nos servirán para analizar correctamente un problema. El siguiente paso va a planificar cómo resolverlo.

a. Autoconocimento

La conciencia objetiva de las fortalezas y carencias propias es un paso obligado para mejorar la capacidad creativa. Se trata de eludir las carencias para que no entorpezcan el proceso y potenciar las fortalezas para conseguir mayor eficacia. Debería ser la base sólida sobre la que asentar la autoestima.

b. Autonomía (independencia)

El creador debe formarse sus propios juicios y actuar con autonomía personal e independencia del ambiente. Debe tener la capacidad de comprender, formular y realizar sus tareas profesionales según propia iniciativa y sin ayudas externas. La autonomía se basa en la capacidad de autoaprendizaje y crecimiento personal a partir del bagaje educacional y vivencial acumulado.

Es una competencia básica puesto que ningún sistema educativo puede aspirar a proporcionar todos los conocimientos acumulados por la humanidad, ni tan siquiera ciñéndose a un dominio profesional muy específico. Menos aún si queremos atender a los cambios continuos que las ciencias, las tecnologías y la economía aportan. Hay que proporcionar a los graduados de cualquier carrera las competencias esenciales de su profesión junto a la competencia transversal de poder aprender por si solos y poder aprovechar los conocimientos aportados por cualquier otra rama del saber.

c. Dominio del campo de actividad

Aunque podemos (y debemos) aplicar nuestra actitud creativa en todos los terrenos, debemos ser conscientes de que es difícil que obtengamos resultados igual de buenos en aquellos campos del saber que no dominamos.

Así pues, la acumulación de estudios y experiencias del campo de actividad concreto es básica, incluso para Teresa M. Amabile (1998) es (junto a la motivación y las estrategias mentales) uno de los tres pilares básicos de la creatividad.

d. Inventiva

Es la capacidad de descubrir utilidades y funcionalidades poco habituales de los objetos y de las herramientas disponibles, de crear nuevos métodos sobre la marcha. Se basa en la imaginación productiva, en el ingenio. Nos proporciona la resolución eficaz de los problemas con los recursos disponibles, superando fijaciones en las funciones habituales de los objetos y las herramientas. Requiere grandes capacidades en poder de abstracción, imaginación, análisis y síntesis. Un ejemplo de inventiva lo encontramos en las velas de los barcos. La primera vela nació de la observación de que el viento movía las hojas y otros objetos de la naturaleza, e incluso los arrastraba. Si se unía una tela a un barco, éste podía ser arrastrado por el viento. Esta unión es un buen ejemplo de que inventar no es tanto ver lo que todavía nadie ha visto, sino pensar lo que todavía nadie ha pensado sobre lo que todos vemos.

e. Capacidad de innovación

Es la habilidad para cuestionarse el "statu quo" de cualquier cosa y redefinir sus funciones y usos para que mejore, mediante los recursos disponibles. De este modo conseguimos un rol nuevo para un objeto antiguo. Presentamos nuevas maneras de visualizarlo y hacemos que crezca el interés de la comunidad hacia el mismo. En palabras de Paul Matussek (1984), la innovación es "la capacidad de descubrir relaciones entre experiencias antes no relacionadas, que se manifiestan en forma de nuevos esquemas mentales, como experiencias, ideas y procesos nuevos".

Si seguimos con el ejemplo del velero, la capacidad de innovación será la que nos hará pensar que el velero se puede utilizar con fines distintos de los que tenía. Por lo tanto, su nuevo rol puede ser utilizarlo para comerciar. Así es como se utilizó el velero en el comercio marítimo.

f. Originalidad

Es la creación mental de nuevas realidades que descubren algo nuevo que se aparta de lo habitual pero que es apropiado y valioso para un colectivo más o menos extenso de personas. Para Frank Barron (1998), "la creatividad es una disposición hacia la originalidad".

La búsqueda de la originalidad proviene de la necesidad psicológica de diferenciarse de los demás, de asumir que todos somos individuos distintos. Aun así, puede partir de una imitación de algo existente pero no se limita ni termina en ello. Busca la producción de respuestas atípicas, que se aparten de lo habitual y sean estadísticamente infrecuentes. Para ello considera los objetos y sus relaciones con las personas y el entorno bajo un nuevo ángulo hasta encontrar asociaciones novedosas, insólitas pero adecuadas y pertinentes para la resolución del problema planteado.

Si terminamos con el ejemplo del velero, entenderemos que será original aquél que tenga una fisonomía especial, distinta de los demás veleros. Por ejemplo que tenga velas rojas en vez de blancas.

La originalidad está íntimamente relacionada con el concepto de evolución: un nuevo descubrimiento, una nueva creación, un nuevo significado, es un nuevo paso en el trayecto evolutivo de la especie humana. Cada descubrimiento, creación o significado, serán la base para otras realidades en una espiral de progreso humano.

3.4.5 Capacidad de elaboración

Todas las aptitudes mencionadas hasta ahora son los pasos previos a la resolución del problema, pero crear no es sólo imaginar. Para culminar el proceso creativo hace falta llevar el impulso conceptual creativo hasta la realización de un producto o servicio. Pasar del concepto de partida al resultado final. El creador debe tener aptitudes para planificar, desarrollar y ejecutar proyectos que conviertan las formulaciones teóricas en soluciones y actuaciones decisivas.

3.5 El proceso creativo

Las etapas del proceso creativo consisten en: 1) detectar un problema, una necesidad, una insatisfacción, una insuficiencia o una molestia; 2) presentarlo a la mente con claridad (ya sea imaginándolo, visualizándolo, suponiéndolo, meditándolo, analizándolo o contemplándolo) y luego 3) originar una idea, concepto, noción o esquema para solucionarlo según acciones nuevas no convencionales. Supone estudio y reflexión seguidos de una evaluación y una realización final.

Los autores que se han centrado en el estudio del proceso creativo nos han hecho ver que ser creativo está al alcance de cualquier persona. Con mayor o menor esfuerzo, con mayor o menor entrenamiento previo, con distintos grados de fortuna, todos podemos ser creativos. Se trata de tener claros los pasos del proceso y seguirlos con la actitud positiva necesaria. Entre los autores más significativos por sus aportaciones a la comprensión del proceso creativo mencionaremos a John Dewey, Henri Poincaré, Graham Wallas, Joy Paul Guilford y Joseph Rossman.

En la literatura especializada podemos encontrar diferentes modelos teóricos propuestos. En lo esencial, todos los modelos están de acuerdo con las cinco etapas básicas definidas en 1910 por John Dewey para el proceso de resolución de problemas que veremos a continuación. Nos interesarán sus pautas porque al fin y al cabo la creatividad implica siempre la superación de un reto: una dificultad, una carencia, una insuficiencia, una insatisfacción o una molestia. En definitiva, de un problema.

Para simplificar la escritura, en el resto del texto se ha empleado la palabra "problema" como resumen de todo este tipo diverso de situaciones que son la provocación y el acicate de la capacidad creadora.

Resolución de problemas, según John Dewey (1910)

1 Percepción de la dificultad o problema.
2 Definición del problema y delimitación del mismo.
3 Generación de ideas y soluciones.
4 Evaluación crítica de las soluciones.
5 Aceptación de la solución más adecuada.

Para que el modelo de Dewey se adaptara del todo a la descripción del proceso creativo, bastaría con cambiar "soluciones" por "soluciones nuevas".

Henri Poincaré (1908) y Graham Wallas (1926) le añaden al modelo de Dewey la descripción de dos subetapas dentro de la fase de "Generación de ideas y soluciones": la incubación y la iluminación. Tendría esta forma:
3.1. Reflexión. Búsqueda de una idea nueva.
3.2. Incubación. Dejar de lado la idea durante un período de tiempo.
3.3. Iluminación. El momento en qué, finalmente, emerge la nueva idea.

La *incubación* consiste en relajar la mente cuando ha transcurrido el tiempo de reflexión y no hemos hallado la solución deseada a pesar de los esfuerzos realizados. Se trata de dejar reposar la mente racional para que el inconsciente cognitivo pueda aflorar y nos aporte de manera súbita y en el momento menos esperado la *iluminación* (también llamada inspiración, comprensión súbita o *insight*) que nos hacía falta. Está comprobado que durante la incubación las ideas se agitan por debajo del umbral de conciencia y se realizan conexiones espontáneas de manera automática. Pueden llegar a producirse combinaciones y asociaciones de ideas totalmente insólitas. Es la aportación de nuestro inconsciente cognitivo, de nuestras vivencias y conocimientos implícitos cuando liberamos la atención que bloquea la mente analítica y racional.

Poincaré (1908) destaca la importancia que tiene siempre la intuición en los procesos creativos de todo tipo. El creador escoge un problema particular porque "intuye" que sabrá hallarle soluciones novedosas. El creador aplica todas sus capacidades mentales a la búsqueda de soluciones nuevas: sus instintos, sus emociones, sus intuiciones, sus razonamientos y su capacidad de planificación.

De hecho, hay que aclarar que las etapas de producción de ideas y de evaluación crítica de las mismas se entremezclan en la vida real de manera espontánea y a veces desordenada. Es bastante frecuente que tengamos que retrotraernos a la etapa inicial de definición del problema porque vemos nuevos aspectos de la cuestión que nos obligan a redefinir algunos matices esenciales del tema. Buscamos un nuevo arranque del proceso desde una nueva base más sólida del planteamiento inicial.

También conviene destacar que en la etapa 4 (la evaluación crítica de las soluciones), no tendremos bastante con un análisis sobre el papel, sino que nos hará falta realizar los proyectos que teníamos previstos que sean necesarios. Una evaluación sobre el papel de soluciones ideadas pero no realizadas nos puede llevar a errores de apreciación importantes. La realidad tangible de los productos o servicios elaborados contiene muy a menudo aspectos y matices que la visión intelectual previa no había sabido prever. He aquí el porqué de la necesidad de recurrir a *maquetas* y a la realización de *pruebas piloto* en la etapa de evaluación crítica.

Joseph Rossman (1931) nos hace notar la necesidad de que entre las etapas 2 y 3 se añada una etapa de "Revisión de la información disponible". Nada a objetar. Si acaso, añadir que si vemos que carecemos de información importante, la tendremos que buscar con el adecuado tesón antes de empezar a generar ideas y propuestas de soluciones. Una falta de información o una información de partida errónea en la definición del problema nos pueden llevar a la más absoluta esterilidad en nuestras reflexiones. Se trata de acopiar, contactar, recoger y asimilar una cantidad importante y variada de información como materia prima a procesar en las etapas siguientes.

Sintetizando los modelos de los distintos autores, obtenemos:

Etapas del proceso creativo

1. Detección de la dificultad o problema (Dewey).
2. Definición y delimitación del problema (Dewey).
3. Preparación. Revisión de toda la información disponible (Wallas, Rossman).
4. Si falta información, buscarla (Guilera).
5. Generación de ideas. Formulación de distintas soluciones alternativas (aplicando estrategias mentales y técnicas de creatividad) (Dewey).
6. Si las ideas no vienen, incubar el problema (Poincaré, Wallas).
7. Iluminación. Aparición de una nueva idea (Poincaré, Wallas).
8. Desarrollo de las ideas. Esbozos, maquetas, pruebas pilotos, proyectos completos cuando sea preciso (Guilera).

9. Evaluación crítica de las soluciones propuestas. Comparativa de ventajas y desventajas (Dewey, Wallas, Rossman).

10. Si no hay soluciones válidas, volver a etapa 2 (Guilera).

11. Si hay soluciones válidas, aceptarlas y perfeccionarlas (Dewey, Rossman).

La importancia de la intuición y la iluminación o inspiración merece un destacado aparte. Son muchas las personas que creen que no hay posibilidad de crear nada si no viene una inspiración. Y esto no es cierto, puesto que, como saben de sobras todos los que se dedican a profesiones creativas, podemos hallar soluciones nuevas y valiosas recurriendo únicamente al trabajo racional, ordenado y persistente. Son famosas las frases de Pablo Picasso: "Las musas existen, pero te tienen que encontrar trabajando" y de Thomas A. Edison: "La creatividad es un 99% de transpiración y un 1% de inspiración".

Puede que Edison exagerara en los porcentajes, pero sea cuál sea la proporción verdadera entre casos de resolución por inspiración y resolución por transpiración (o dicho de otro modo, de trabajo), lo que está más que demostrado es que rara vez hallamos la solución válida sin transpiración. La alternancia entre períodos de transpiración intensiva y relajación e incubación del problema son la mejor garantía de que lleguemos a encontrar el concepto clave que nos desbloqueará la mente y nos iluminará con la solución deseada.

En la *Figura 4* plasmamos este flujo cíclico posible entre transpiración e inspiración. Después de las etapas prescriptivas de "detección del problema", "definición y delimitación del problema" y "preparación y recopilación de la información disponible", cuando entramos en la búsqueda de ideas para soluciones, puede ser que se produzca de manera instantánea la iluminación de nuestra mente con el concepto clave necesario. Ocurre muy pocas veces y es lo que llamamos *inspiración instantánea*. Lo normal es que tengamos un bloqueo mental, que las dificultades para hallar la solución nos obliguen a trabajar duro probando una y otra vez caminos que de entrada no aportan lo que buscamos.

La transpiración se puede realizar de manera caótica, sin orden ni concierto, o, por el contrario, podemos realizarla aplicando estrategias mentales adecuadas para ser más eficaces. Las investigaciones realizadas sobre el proceso mental de la creación han permitido elaborar una serie de técnicas y métodos de ayuda a la creatividad que explicaremos a partir del capítulo 7 y que merece la pena conocer y aplicar porque se ha demostrado que son una ayuda importante.

Si, a pesar de la transpiración intensiva, no somos capaces de hallar la solución, la mejor recomendación de Poincaré, Wallas y muchos otros autores es relajarse y olvidarse por un tiempo del problema. La Historia está llena de casos de éxito en que las piezas del rompecabezas encajan gracias a la incubación del problema. Desde Arquímedes a Kekulé, pasando por Newton, Gutemberg, Babbage, Howe, Dalí, etc. Se trata de saber combinar el potencial de la mente analítica y racional con el potencial de la mente intuitiva. La intuición trabaja con la experiencia acumulada a base de vivencias, con los estímulos sensoriales, con las emociones, con los sueños… En definitiva: con los conocimientos implícitos acumulados y con la capacidad de asociaciones libres.

El inconsciente cognitivo se nos manifiesta a través de sueños, actos fallidos, síntomas emocionales y lapsus. Para aprovechar el conocimiento implícito que conlleva debemos atender sus manifestaciones y llevarlas a la conciencia, superar las barreras emocionales o mentales que nos impiden el acceso al concepto clave. La manera más usual es dejar que afloren las asociaciones libres mediante la relajación (descansar, dormir, meditar, distraerse, jugar, hacer yoga, etc.). En casos extremos, se puede plantear la hipnosis o la terapia psicoanalítica.

En la etapa de evaluación crítica hay que tener en cuenta que cada disciplina, cada campo del saber, cada actividad humana está enmarcada por coordenadas que delimitan y especifican las condiciones que toda nueva idea debe cumplir. En caso que la idea no satisfaga dichos criterios, deberemos ver si es posible modificarla para adaptarla. Si no es posible adaptar la idea, reiniciaremos el proceso creador a partir de la etapa 2 o 3 hasta encontrar una nueva idea que sea válida.

La etapa de evaluación crítica es muy útil, si se hace como es debido, para mejorar nuestras competencias creativas. Al contrastar lo hallado con lo deseado podemos obtener información muy valiosa que nos permita perfeccionar nuestras aptitudes. ¿Qué aspectos de la idea propuesta nos fallaron y por qué? ¿Hemos cometido errores importantes? ¿Qué podemos aprender de ellos? ¿Aparecieron aspectos inusitados en el problema? ¿Podemos inferir nuevas maneras de abordar el proyecto a partir de ellos? ¿Podemos mejorar nuestra manera de afrontar el proceso creativo?

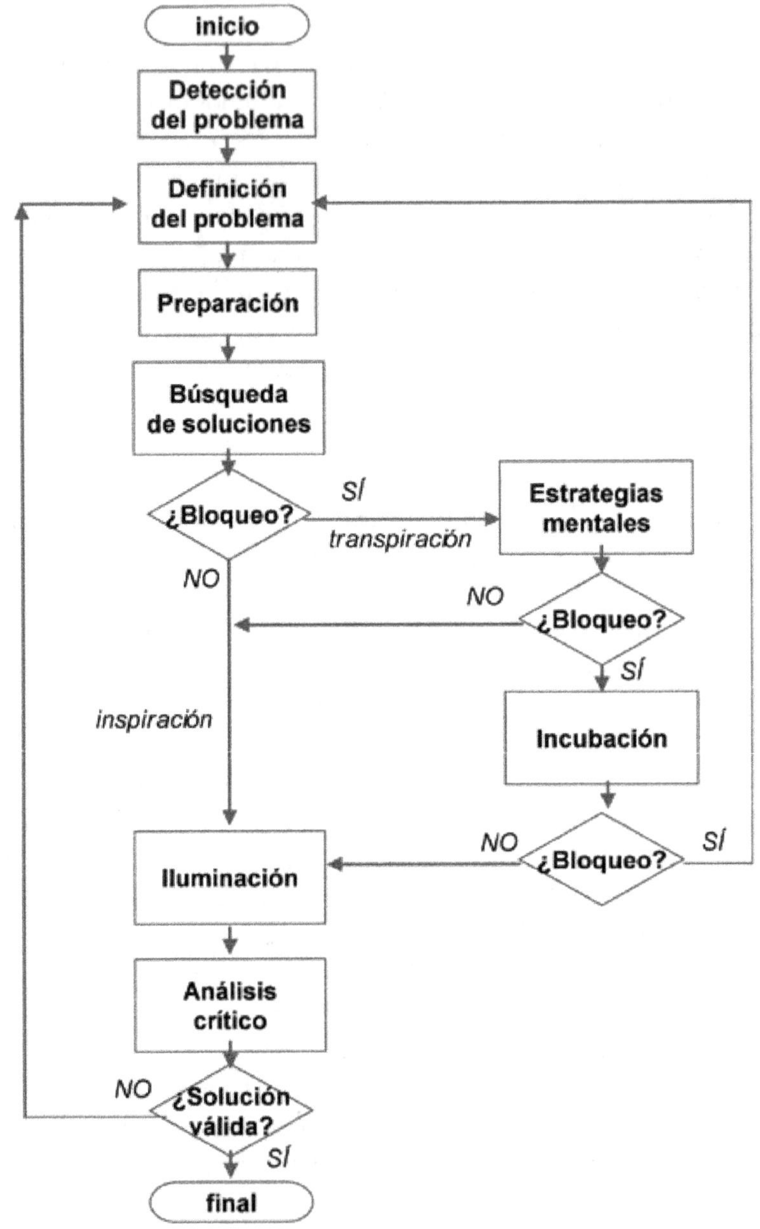

Figura 4. Diagrama del flujo creativo.

Carlos A. Churba (2007) nos hace notar que el proceso creativo tiene una retroalimentación en espiral. Cuánto más nos dedicamos a crear, más creativos somos. El resultado del proceso enriquece a su autor que adquiere más experiencia y, en consecuencia, más capacidad resolutiva en los próximos planteamientos. También se produce un salto cualitativo en el ambiente y, en consecuencia, en la sociedad. En resumen, la actividad creadora produce la aparición de nuevas realidades que transforman simultáneamente la realidad establecida y a la persona que la crea.

Si vivimos rodeados de productos creativos, nos enriquecemos como personas y somos más capaces de ser creativos en los problemas que nos incumben. La creatividad se respira en el ambiente y se contagia por ósmosis.

3.6 Los resultados creativos

Con gran frecuencia, el resultado de un proceso creativo proviene del hecho que el creador ha tenido una sensibilidad especial para detectar un problema o una capacidad de mejora donde la mayoría de personas sólo detectaba normalidad. Este sería, por ejemplo, el caso de la invención de la fregona o de los caramelos con palito (lollipop, chambelona, piruleta, chupa-chups, etc.).

Otras veces, buscando una cosa, el creativo encuentra por azar, de rebote, otra cosa que no buscaba pero que resulta ser tremendamente útil y exitosa.
Es lo que llamamos "chiripa" en castellano de toda la vida o "serendipia" como neologismo traducción de *serendipity*. Un ejemplo de serendipia es el descubrimiento de John Wesley Hyatt que en 1870 quería conseguir un nuevo material sustitutivo del marfil y estaba prensando una mezcla de serrín y papel con cola. Se cortó un dedo, y fue a su botiquín. Sin querer, volcó un frasco de colodión (nitrato de celulosa disuelto en éter y alcohol). Esto provocó que quedara en su estantería una capa de nitrocelulosa. Al verla, Hyatt se dio cuenta de que este compuesto podría actuar de pegamento y, trabajando en él, inventó el celuloide, tan esencial —entre otras cosas— para el desarrollo de la industria cinematográfica en sus inicios.

También hay casos en los que un producto fracasado para los objetivos planteados se descubre más tarde que es sumamente útil para una nueva función que no descubrimos hasta tiempo después. Este sería, por ejemplo, el caso de la invención del post-it, un pegamento rechazado por el ingeniero de 3M que lo creó porque se despegaba sin apenas esfuerzo. La visión genial de un directivo de 3M fue buscarle una utilidad vinculada precisamente a esta propiedad novedosa que no tenían otros pegamentos del mercado.

Ya queda dicho que el resultado de un proceso creativo ha de ser original y ha de tener un valor de uso para sus destinatarios. Pero para conseguir que el producto imaginado pueda ser una realidad y pueda llegar a sus destinatarios será imprescindible que se pueda desarrollar con las tecnologías existentes (viabilidad tecnológica) y que se pueda obtener con una inversión menor al beneficio económico que reportará (viabilidad económica).

En resumen, el resultado de un proceso de creación ha de tener los siguientes atributos:

3.6.1 Es original (o novedoso)

Es una idea, proceso o producto único, diferente de sus similares. Se detecta porque provoca una emoción de sorpresa que suele manifestarse con una exclamación con la vocal "a". "¡Aaah!" para las creaciones artísticas, "¡Ajá!" para los descubrimientos técnicos y científicos, y "¡Ja, ja!" para los hallazgos del humor.

3.6.2 Tiene valor de uso

Al menos por un período determinado de tiempo y para toda la comunidad humana o una parte de ella. Si sólo satisface a su autor, entraríamos en el eterno debate sobre el valor subjetivo de las creaciones artísticas o en la consideración de que, a veces, un creador se anticipa en exceso a las necesidades percibidas por su sociedad y cae en la incomprensión de sus contemporáneos.

3.6.3 Tiene viabilidad tecnológica

Se puede elaborar con las tecnologías existentes, las ya consolidadas o las emergentes. Si no existen tecnologías suficientemente avanzadas para construir lo que imaginamos, estamos condenados al fracaso. Si, para poner un ejemplo disparatado, queremos montar una agencia de viajes basada en la teletransportación de los cuerpos, a día de hoy lo tendremos mal.

Entre los múltiples ejemplos de fracasos que la Historia nos reporta, destacaremos el de Charles Babbage, creador exitoso de una máquina construida con engranajes mecánicos que calculaba logaritmos. En 1833 presentó a la Royal Astronomical Society su proyecto de construir una máquina calculadora de propósito general que había denominado Máquina Analítica. Sentó perfectamente sobre el papel las bases teóricas que, 113 años después, permitirían a la Universidad de Pensilvania construir en 1946 el ENIAC, la primera computadora digital moderna, el origen de toda la eclosión posterior de la informática electrónica. Desgraciadamente para Babbage, el estado de las tecnologías existentes en 1833 le hacía prácticamente imposible alcanzar la realización de su proyecto.

3.6.4 Tiene viabilidad económica

El coste de obtención del producto creado debe ser menor que los beneficios económicos directos o indirectos que se espera que reporte.

Son muchos los inventos que se quedan muertos al poco de nacer porque son tecnológicamente viables pero a unos costes que hacen imposible pensar en su introducción en el mercado real.

3.7 La creatividad se enmarca en una sociedad y una cultura

Una obra realmente creativa cambia algún aspecto relevante de la cultura de la sociedad en la que se enmarca. En cierta manera, el mundo que nos rodea ya no volverá a ser lo que era. La creatividad no es nunca un acto individual. Es un acto sistémico de interacción entre la persona y su entorno socio-cultural. El reconocimiento de un resultado creativo depende siempre de la valoración de aceptación o denegación que de él haga la sociedad en la que se ha desarrollado.

Para Mihaly Csikszentmihalyi (1995) la creatividad es una conjunción de tres elementos: dominio (disciplina o lugar en donde se produce la creatividad), autor (quien realiza el acto creativo) y crítica (grupo social de expertos que la evalúan).

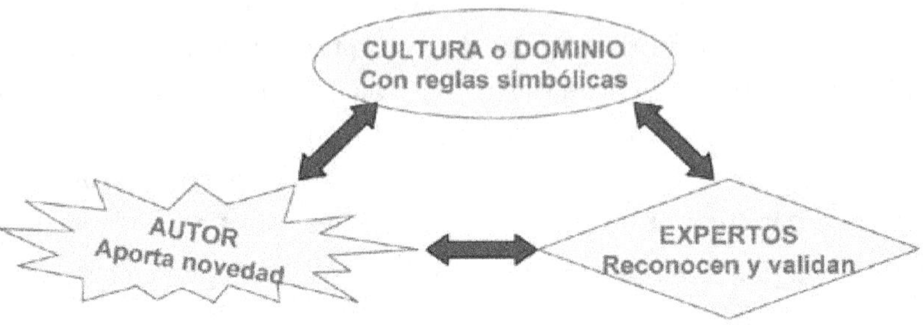

Figura 5. Valor social de la creatividad.

Para Csikszentmihalyi la creatividad es al tiempo individual y social. Es individual porque es una idea, acción o producto efectuado por una sola mente (o por un grupo que trabaja al unísono). Es social porque esa idea, acción o producto nuevos son reconocidos por la sociedad e incorporados a la cultura del lugar. Para Csikszentmihalyi es imprescindible el reconocimiento social. Según esto, a algunos creadores se les comenzó a considerar como tales después de su muerte: Gregor Mendel (1822-1884) no fue un científico creativo hasta inicios del siglo XX, Johann Sebastian Bach (1685-1750) fue un compositor magnífico bien entrado el siglo XIX y Vincent Van Gogh (1853-1890) fue un pintor genial a partir de 1891.

Margaret Boden (1991) distingue entre una *creatividad-h* y una *creatividad-p*, es decir una creatividad que tiene repercusión cultural histórica, que impacta en la esencia de una cultura y la transforma y una creatividad personal que sólo impacta en el ámbito reducido del autor y el círculo de personas que disfrutan de su obra.

Todos podemos ser creativos. No todos podremos entrar en la Historia a causa de nuestra creatividad, pero todos podemos gozar de vidas personales llenas de creatividad. Sentirse creativo aporta placer, ayuda a mejorar la calidad de vida y es un camino muy válido para buscar la felicidad personal. Como advierte David Perkins (1990), hay que evitar el "Síndrome de Salieri". No bloquear el potencial creativo disponible mediante la comparación desfavorable con los grandes genios del momento.

Howard Gardner (1995), ahondando en las ideas de Csikszentmihalyi, afirma que la creatividad requiere cuatro niveles de análisis: a) el subpersonal (sustrato biológico); b) el personal (sustrato psicológico); c) el impersonal (el campo); y d) el multipersonal o social. Gardner (1994, 1995) aplica a la creatividad el enfoque de su teoría de las inteligencias múltiples e infiere, como era de esperar, que existen tantos tipos de creatividad como tipos diferentes de inteligencia había definido él en sus obras anteriores.

Por eso es bastante frecuente calificar la creatividad con un adjetivo que especifica el dominio en el que se produce. Así, veremos que se habla de creatividad artística, literaria, técnica, científica, etc. De hecho en cualquier dominio de actividad humana podemos hablar de aplicación de la creatividad. Y, como ya hemos advertido antes, cada ámbito tiene características algo diferentes. Como se puede suponer, hay diferencias entre los tipos de creatividad. Por ejemplo, hay entre la creatividad artística y la creatividad científica. Mientras que la científica es esencialmente rupturista, puesto que las nuevas concepciones convierten automáticamente en obsoletas a las anteriores y las anulan; en cambio, las novedades artísticas nunca invalidan las propuestas anteriores. Esta diferencia proviene del hecho que la sociedad considera (erróneamente, por supuesto) que sólo hay una verdad científica y, en cambio, considera que hay tantas verdades artísticas como conceptos distintos de belleza puedan coexistir. En un museo de la ciencia los inventos y descubrimientos de épocas pasadas son simples curiosidades, trastos que incluso pueden producir nuestra sonrisa condescendiente; en cambio, en un museo de las artes las obras de épocas pasadas despiertan nuestro interés y admiración, e incluso podemos preferirlas a las más actuales.

En Diseño confluyen arte, ciencia y tecnología, con la cual tenemos conjunción de los tres aspectos mencionados. Un objeto bien diseñado se volverá obsoleto si sirve a funciones tecnológicas ya superadas, pero su belleza puede ser imperecedera. Bastará con hacer memoria de la calculadora de Pascal, de las farolas de gas de Gaudí o de algunas de las máquinas de escribir de Underwood u Olivetti.

3.8 La creatividad y el ambiente

Aunque ninguno de los modelos de proceso creativo de los grandes teóricos lo incluye, algunos autores (Robert Epstein entre ellos) nos recuerdan que la creatividad para florecer requiere un ambiente social y cultural propicio: debe haber libertad. Cuanto mayor sea la cota de libertad y progreso de una sociedad, mayor será la creatividad que sus miembros desplegarán. Como dice Fernando Trias de Bes: "La creatividad es la máxima expresión de libertad de un ser humano".

3.9 Creatividad e inteligencia

Hasta 1950 la creatividad se consideraba un atributo más de la inteligencia general. Ese año, Joy Paul Guilford, en su discurso presidencial en la Asociación Psicológica Americana (APA), inicia el estudio científico de la creatividad al reconocerla como una entidad diferente de la inteligencia general.

De hecho, algunos paleontólogos y antropólogos han sugerido que el hombre fue creativo antes que racional. Así parecen demostrarlo las pinturas de arte rupestre y así parece corroborarlo la Psicología Evolutiva al afirmar que las funciones actuales del hemisferio cerebral derecho precedieron a las que desarrolló más tarde el hemisferio izquierdo.

Es cierto que para ser creador será imprescindible tener un buen nivel de conocimientos en el campo donde queremos actuar, cosa que implica disponer, como mínimo, de una cierta inteligencia de tipo intuitivo o del tipo particular que sea dentro de las definiciones de inteligencias múltiples que hace Howard Gardner (1994). Pero tener inteligencia no garantiza la capacidad creativa. Es condición necesaria pero no suficiente. Puesto que la creatividad depende no tan sólo de las aptitudes sino también de las actitudes, es tristemente frecuente encontrarnos con personas que carecen de creatividad a causa de una actitud (a menudo inconsciente) de renuncia a aplicar las capacidades que poseen en la búsqueda de soluciones nuevas.

Los sujetos con cociente intelectual más alto no siempre son los más creativos. Jacob Getzels & Philip Jackson (1962) hicieron, en los años 60, un estudio comparativo entre niños con elevado cociente intelectual (IQ) pero discreto resultado en un test de creatividad, y niños con elevada puntuación en el test de creatividad pero modesto IQ. Estos y otros muchos trabajos de investigación llegan a la conclusión de que existe una correlación muy baja entre la inteligencia racional (coeficiente intelectual IQ) y la creatividad.

Si se utilizan los constructos de inteligencias múltiples de Gardner, las correlaciones con creatividad aumentan sensiblemente. Las inteligencias que aparecen más ligadas a la creatividad son, de mayor a menor incidencia, la visual-espacial, la corporal-cenestésica y la lingüística.

El indicador principal que distingue a la persona creativa es su fluidez mental, su capacidad de generar gran número de alternativas (válidas o no) frente a cualquier situación. El indicador principal que distingue a la persona inteligente es su capacidad de escoger en cada situación la mejor alternativa disponible (aunque no la haya inventado él).

La conjunción de gran capacidad creativa y gran inteligencia nos da, cuando se produce, los mejores talentos de nuestra sociedad. Trabajando en equipo es más fácil obtener la suma adecuada de creatividad e inteligencia.

3.10 Creatividad y diversidad

El trabajo en equipo, si el equipo está bien motivado y bien coordinado, es siempre una ayuda importante para obtener un mayor nivel de creatividad. Especialmente si construimos equipos multidisciplinares con personas con distintos perfiles.

Tener trabajando juntas a personas que miran diferente, que piensan diferente, que tienen diferentes formaciones (*backgrounds*) y que tienen distintas habilidades (*skills*), hace que se sumen las múltiples motivaciones (cuando uno flaquea, otro empuja), que la autocrítica sea rápida y más potente, que se sumen las distintas competencias (siempre tenemos a alguien que sabe de eso que necesitamos ahora), que se sumen recursos y herramientas, que se obtenga una inteligencia y una creatividad colectiva muy superior a la suma de las inteligencias y creatividades individuales.

En el trabajo colaborativo cada miembro del equipo es responsable del éxito del grupo, cada miembro del equipo participa y goza del éxito del grupo. Todos ofrecen lo que saben. Nadie se otorga méritos que no le corresponden.

La comunicación es informal, intensa y frecuente. Pueden tener un líder nominado, pero cualquiera puede asumir el liderazgo de forma eventual cuando las particularidades del proyecto así lo aconsejen.

Los peligros de fracaso en el trabajo en equipo radican en la falta de coordinación, los problemas en comunicación, la falta de inteligencia emocional de alguno de los miembros y los posibles egotismos. Nada que no se pueda solucionar con una buena capacidad de liderazgo.

Capítulo 4
¿Qué hace que la creatividad sea aceptada?

> "La sociedad no está nunca preparada para recibir ningún tipo de invención. Cada cosa nueva es rechazada y el inventor necesita que pasen años para conseguir que la gente le escuche y, más años todavía, para conseguir que le acepten."
>
> *Thomas Alva Edison*

No siempre es fácil lograr la aceptación social de un producto o servicio muy original o muy inovador: puede provocar resistencias para ser aceptado. Entre las múltiples causas del rechazo inicial podemos enumerar el miedo a lo desconocido, a lo nunca visto, la resistencia al cambio de hábitos o de pautas culturales, el miedo a asumir riesgos, la dificultad en aprender una nueva técnica de utilización, etc.

En la *Tabla 1* vemos reflejado cómo interviene la resistencia al cambio, natural en todos los humanos, frente al nivel de creatividad. No podemos hablar de una proporcionalidad directa de tipo matemático, ni mucho menos, porque hay excepciones claras, pero es muy frecuente que a mayor nivel de originalidad, mayor rechazo inicial.

CREATIVIDAD	ACEPTACIÓN
Muy alta	Debate inicial de los expertos. Penetración lenta
Alta	A través de usuarios selectos.
Regular	Usuarios exigentes
Baja	Aceptación rápida
Muy baja	Adocenamiento y consumismo de masas

Tabla 1. Resistencia al cambio frente a la creatividad.

4.1 Aceptación de un producto o servicio creativo

Un producto o servicio creativo es fácilmente aceptado si incide en uno o más de lo siguientes aspectos:

4.1.1 Satisface necesidades básicas

Aporta satisfacción a los instintos básicos.
Ejemplos: vestidos, alimentos, vivienda, muebles, etc.

4.1.2 Proporciona placer

Va dirigido al instinto lúdico y hedonista de las personas.
Ejemplos: moda, alta cocina, decoración, parques acuáticos, deportes, etc.

4.1.3 Seduce emocionalmente

Provoca emociones placenteras en las personas.
Ejemplos: música, literatura, cine, productos de consumo, artículos de lujo, etc.

4.1.4 Convence racionalmente

Aporta argumentos de convicción racional sobre la necesidad de usarlos.
Ejemplos: ordenadores, productos y servicios tecnológicos, productos ecológicos, medicinas, etc.

a. Es más eficiente y rápido

Agiliza algún problema. Al recortar tiempo (sea en la producción, sea en el manejo del objeto), mejora su eficiencia.
Ejemplos: medios de transporte, medios de comunicación, sistemas de información, etc.

b. Elimina molestias cotidianas

Resuelve pequeñas molestias de la vida cotidiana.
Ejemplos: electrodomésticos, fregona, menaje doméstico, chupa-chups, etc.

c. Es más económico.

Resuelve un problema existente a *menor coste* que otras alternativas existentes. *Ejemplos:* tarifas aéreas *low-cost*, cooperativas de consumo, materiales menos costosos, procedimientos de fabricación más eficientes, productos de prestaciones más limitadas, etc.

4.1.5 Tiene visión de futuro

Genera una *esperanza de futuro* más prometedor.
Ejemplos: planes de formación, servicios sanitarios, planes de pensiones, seguros de cualquier tipo, etc.

4.2 Cualidades del buen diseño

Si nos centramos en la aceptación de los productos y servicios creados por un diseñador, podremos añadir algunas de las cualidades fundamentales que hoy en día se les está pidiendo a todos los diseños:

4.2.1 Funcionalidad (prestaciones, utilidad)

Que aporte nuevas prestaciones o que, como mínimo, mejore los estándares actuales.

4.2.2 Centrado en el usuario

Tiene que estar basado en los deseos y necesidades reales del usuario y no en las apetencias particulares del diseñador. Aun así, el diseñador no debe tomar los deseos de los usuarios al pie de la letra y debe pensar siempre cómo superar sus expectativas. Es famosa la frase de Henry Ford: "si les hubiera preguntado a los clientes qué querían, me habrían respondido que un caballo más rápido".

4.2.3 Accesible a todos

Cualquier tipo de usuario debe poder utilizarlo con facilidad, por lo tanto debe contemplar las particularidades de discapacitados físicos, discapacitados culturales, personas mayores, niños, etc. Es lo que llamamos *diseño universal* o *diseño para todos*.

4.2.4 De uso seguro

Su uso no debe representar en ningún momento un peligro para la integridad física de los usuarios. Es lo que llamamos *diseño seguro*.

4.2.5 Ecológico

No debe contaminar, esto es, no debe consumir excesos de energía ni en su producción ni en su utilización. No debe generar residuos no reciclables y, en la medida de lo posible, se tiene que construir con materiales reciclados. Es lo que llamamos *ecodiseño*.

4.2.6 Sostenible

También le pedimos que sea duradero, que tenga un período de vida suficientemente extenso y no obligue a costosos mantenimientos. Si hace falta, que disponga de un buen servicio posventa y atención al cliente. Es lo que llamamos *diseño sostenible*.

4.2.7 De producción racional

Su proceso de producción o de fabricación debe ser máximamente senzillo. Es lo que llamamos *diseño racional*.

4.2.8 Económico

Hay que procurar que tenga costes de producción ajustados al valor de mercado del producto o servicio. Es lo que llamamos *diseño económico*.

4.2.9 Estético

Finalmente, al diseño le pedimos que sea estéticamente atractivo y, a ser posible, su contemplación y utilización provoque placer sensorial en uno o más sentidos. Es lo que llamamos *diseño bello*.

Capítulo 5
Personalidad creativa

> "Los analíticos estudian el mundo tal como es, los creadores
> fabrican mundos que nunca habían sido."
>
> *Llorenç Guilera*

En 3.3 y 3.4 hemos presentado las actitudes y las aptitudes que debe tener un creador. En este capítulo nos centraremos más en sus características psicológicas.

Sefchovich & Waisburd (1987) y otros muchos autores afirman que la personalidad creativa es natural en el hombre pero se puede malograr en los años de la infancia, bien por lo efectos del entorno social o por la inhibición que la educación escolar convencional provoca con sus modelos y estereotipos. La mayoría de autores cree, sin embargo, que la capacidad creativa se puede recuperar a prácticamente cualquier edad con una reestructuración educativa apropiada.

Esto equivaldría a afirmar que la sociedad y la educación suelen inhibir y perjudicar la actitud creativa infantil pero no consiguen inhabilitar del todo las aptitudes creativas, que permanecen sin daños irreparables y pueden recuperarse con el tratamiento adecuado.

5.1 Los factores que influyen

Frank Barron (1968) observa en los creadores una personalidad psicodinámica más compleja de la normal, una preferencia por abordar la complejidad y una tendencia a la dominancia y el liderazgo. Otros autores destacan la capacidad de jugar con las ideas y los elementos y la tolerancia a la ambigüedad.

Gardner (1999) asume que en la configuración de una personalidad creativa influyen tanto la genética como el entorno y el aprendizaje, que potencian la creatividad. Declara que no cree que las características de la personalidad de los creadores sean innatas, aunque se pueden correlacionar con ciertos temperamentos innatos, como por ejemplo la energía o la tolerancia al estrés. Gardner señala, en esta obra, un conjunto de siete factores (propios del ambiente y de la educación) que según él predisponen a algunas personas a ser creadoras:

• Contacto temprano con personas que se sienten cómodas corriendo riesgos.
• Oportunidad de destacar en una actividad determinada cuando se es joven.
• Disciplina para dominar su campo de trabajo.
• Un entorno que pone a prueba a la persona cuando es joven.
• Compañeros también dispuestos a experimentar,
• Ser hermano menor o crecer en un ambiente familiar poco común.
• Alguna anomalía física, psíquica o social.

Csikszentmihalyi (1995), después de entrevistar noventa y una personas distinguidas por su labor creadora en muy distintos ámbitos, concluye que la personalidad creativa se caracteriza por una complejidad inusual. En concreto, según este psicólogo americano nacido en Hungría, poseen varios pares de rasgos, aparentemente antitéticos, que se van alternando según las circunstancias. Son los mostrados en la *Tabla 2* siguiente:

actividad frenética	ocio y reposo
brillantes	ingenuos
disciplinados	lúdicos
responsables	irresponsables
imaginación	fantasía (*)
extrovertidos	introvertidos
humildes	orgullosos
masculinos	femeninos (**)
conservadores	rebeldes e iconoclastas
pasión por su trabajo	desapego crítico respecto de su trabajo
sensibles al sufrimiento y al dolor	son hedonistas y buscan el placer

Tabla 2. Rasgos antitéticos de la personalidad creadora.

(*) Con un arraigado sentido de la realidad
(**) Se escapan de los estereotipos de su propio sexo y tienden a la androginia (que no debe confundirse con la homosexualidad)

Para Abraham Maslow las personas creativas son un dechado de virtudes: espontáneas, expresivas, naturales, desinhibidas en la conducta, sin sujeción a las reglas establecidas, con facilidad para superar todo tipo de bloqueos, con alta autoestima, sin miedo al ridículo y sin temor (a veces incluso con atracción) hacia lo desconocido, lo misterioso, lo enigmático.

5.2 Niveles de creatividad

Siguiendo las ideas de Irving A. Taylor podemos diferenciar entre cinco niveles de creatividad según el tipo de resultado que el acto creativo genere.

Creatividad expresiva. La libertad, espontaneidad e imaginación aplicada a la expresión de una idea o una emoción.

Ejemplos: los dibujos de los niños en su primera etapa de expresión, gran parte de la creatividad artística, etc.

Creatividad productiva. La elaboración de un producto o servicio que permite la aplicación en el mundo real y cotidiano de nuevos conceptos o nuevas emociones. El creador sabe medirse con éxito con la realidad y convertir sus visiones en algo útil para sus congéneres.

Ejemplos: los diseñadores, los arquitectos, los directores de cine, etc.

Creatividad inventiva. A partir de sus aptitudes de flexibilidad mental y fluidez imaginativa, el autor genera inventos o descubrimientos basados en nuevas maneras de ver las cosas o en el establecimiento de nuevas relaciones. A veces la creatividad procede de ver lo que todo el mundo tenía frente a sus ojos pero nadie veía. Otras veces la creatividad procede de ver lo mismo que todo el mundo ve pero relacionar lo que nadie relacionaba, pensar lo que nadie pensaba. En cualquier caso, ver las cosas de una manera nueva.

Ejemplos: los inventores, los científicos, los descubridores, etc.

Creatividad para la innovación. Creatividad aplicada a conseguir la aceptación social de nuevas maneras de ver o utilizar las cosas existentes.

Ejemplos: empresas innovadoras, modistos, artistas multimedia, etc.

Creatividad emergente. Se aplica a la producción de nuevos paradigmas de trabajo, nuevas escuelas o nuevos planteamientos tecnológicos. Requiere grandes aptitudes en la reestructuración de la realidad existente (pensamiento lateral).

Ejemplos: los creadores de Apple, Facebook, Google, etc.

5.3 Perspectiva multidisciplinar de la creatividad

La creatividad se ha estudiado tradicionalmente desde las Artes y las Humanidades. Más modernamente, se ha visto la importancia de la creatividad en las Ciencias, las Ingenierías, el Diseño y la Economía y se ha ampliado a estos ámbitos el espectro de su estudio.

La Sociología estudia la creatividad como producto social, como fruto de la actividad que el ser humano, en cuanto miembro de un grupo, es capaz de llevar a cabo en su relación con los demás grupos que conforman la sociedad. La Psicología analiza la creatividad como capacidad humana, como algo que ocurre dentro del sujeto y se manifiesta en su comportamiento externo. Intenta describir el proceso a través del cual se llega al producto creativo. La Psicología Cognitiva lo intenta a través de la investigación de los procesos cognitivos que intervienen en el acto creativo. La Psicología Evolutiva lo intenta a través de investigar cómo se comportan por separado en el acto creativo las distintas capacidades mentales que la evolución ha configurado en el cerebro humano (instintos, emociones, intuiciones, razonamientos y capacidad de planificación). Las Neurociencias intentan comprender los circuitos neuronales que intervienen en el proceso creativo. La Psicología Social estudia la influencia que el contexto social ejerce sobre el comportamiento humano y en qué medida los comportamientos creativos se deben a la presión o influencia que ciertas circunstancias o situaciones sociales ejercen sobre la conducta humana.

La Heurística estudia la creatividad como generación de procesos de información, productos o conductas relevantes ante una situación en la que son insuficientes las herramientas disponibles, las destrezas poseídas o los conocimientos acumulados.

En Administración de Empresas se estudia cómo aplicar la creatividad a la innovación empresarial para ganar competitividad.

En las Ingenierías y carreras técnicas se estudia cómo aplicar la creatividad para hallar mejores tecnologías y mejores soluciones técnicas a problemas reales.

En Diseño se estudia cómo aplicar la creatividad a la obtención de mejores productos y servicios en cualquier ámbito de actividad.

En una visión multidisciplinar e integradora, la creatividad es el principio básico de aplicación de la inteligencia al mejoramiento de la calidad de vida de las personas y, en consecuencia, al progreso de la sociedad. La creatividad es una de las estrategias fundamentales de la evolución natural de las sociedades. Sin creatividad, no hay ni evolución ni progreso posible.

Capítulo 6
¿La creatividad se puede medir?

> "La creatividad y la innovación son muy a menudo explicadas con misteriosas terminologías y teorías, usando términos difusos, intangibles, subterráneos, acientíficos, cuentos de hadas. Para poder manejarlas necesitamos que se hable de ellas de una manera real, tangible, útil. Necesitamos conceptos medibles para explorar los principales dominios que son comunes en el reino de la creatividad."
>
> *Raffaello Network*

Puesto que existen distintas manera de entender la creatividad, también existen diferentes técnicas, métodos e instrumentos para evaluarla. Consultando los textos de Alonso Monreal (2000), Sternberg & Lubart (1999), Mayer (1999) y Gardner (1995), vemos que las investigaciones actuales sobre la evaluación de la creatividad se clasifican en seis enfoques distintos: psicométrico, experimental-cognitivo, computacional, psicobiológico, biográfico y contextual. En el texto presente nos limitaremos a exponer los intentos que nos parecen más destacables de la vía psicométrica.

6.1 Los tests de creatividad

Parece ser que la capacidad creativa de un individuo varía según sus circunstancias personales. Lo que está claro es que, por ley natural de las diferencias individuales, dos personas distintas difícilmente tendrán la misma capacidad creativa. Es lógico, pues, que se pretenda cuantificar mediante un coeficiente numérico.

De la misma manera que la Psicometría intenta medir la inteligencia racional o la inteligencia emocional mediante respectivos tests, también se han desarrollado tests para cuantificar la creatividad a partir de algunos de sus indicadores más destacados. Son múltiples y diversos los que se han construido para esta finalidad. La mayoría de ellos se basan en la introspección subjetiva (cosa que automáticamente disminuye de forma dramática su rigor).

Sólo los de mayor rigor científico se basan en mediciones indirectas de factores que configuran la creatividad y, por ende, son más objetivos.

6.1.1 Tests basados en medición indirecta de factores

Los antecedentes primigenios son el *Test de Estructura de la Inteligencia* de Joy Paul Guilford y el *Test de Pensamiento Creativo (TTCT, Torrance Thinking Creative Test)* de E. Paul Torrance. Se fundamentan en los conceptos de pensamiento divergente y convergente y en la medición de los factores de fluidez, flexibilidad, originalidad y elaboración. Algunos teóricos posteriores han hecho notar que estos tests tienen dos inconvenientes graves:

1. No contemplan de manera adecuada el factor tiempo (se necesita una inversión de tiempo distinta para cada persona y cada momento)

2. Su medición no se adapta al dominio específico de actividad ni al entorno social y cultural concreto

En España, uno de los tests más usados, sobretodo en los ámbitos de la enseñanza, ha sido el *Test de Abreacción para la Evaluación Creativa TAEC* (Saturnino de la Torre, 1996), que evalúa la creatividad a través de la producción gráfica.

Una de las propuestas más actuales y aceptadas es el *Test CREA*, desarrollado por Corbalán et al. (2003). Mide la inteligencia creativa evaluando la capacidad de generar cuestiones en un contexto teórico de búsqueda y solución de problemas. El test consta de tres láminas de estímulo (A, B y C) a partir de las cuales los entrevistados deben formular preguntas. Cada interrogante supone un nuevo esquema cognitivo nacido de la interacción del estímulo con la capacidad del sujeto de abrir esa nueva información a toda la que él ya dispone.

El Test CREA, a diferencia de los tests de Guilford y de Torrance, proporciona un único coeficiente indicativo de la capacidad creativa de los sujetos. Sin embargo, sabemos que esta capacidad está estrechamente relacionada con los factores tradicionalmente utilizados para definir la creatividad: originalidad, fluidez, flexibilidad y producción divergente entre ellos. El Test CREA ofrece una medida indirecta de la creatividad, en tanto que fuerza a activar los mecanismos que participan en el acto creativo, pero no implica estrictamente una ejecución productiva creativa. Debemos considerarlo como una *medida de capacidades potenciales*. No nos informa acerca de los mecanismos de creatividad que el sujeto pone en uso habitualmente, sino de cuántos sería capaz de poner en práctica si tuviera la actitud necesaria.

El Departamento de Psicología del C. E. S. Villanueva de la Universidad Complutense de Madrid ha desarrollado el *Test PIC (Prueba de Imaginación Creativa)* que permite evaluar tanto la creatividad narrativa o verbal como la figurativa o gráfica a través de la medida de algunas de las variables más relevantes en el estudio del pensamiento divergente o creativo. Esta prueba consta de tres versiones: la PIC-N, que ha sido diseñada para niños de 3º a 6º de primaria y ha demostrado unas buenas propiedades psicométricas, es decir, para valorar el talento creativo de los escolares españoles; la PIC-J: destinada a alumnos de secundaria y bachillerato; y la PIC-A destinada a adultos.

Existe un *Test de Visualización Creativa* basado en los estudios de Roland A. Finke sobre imágenes mentales e originalidad. Es un test que pretende medir la capacidad de invención imaginativa. Se le presentan al participante figuras geométricas sencillas, letras o números que deben combinarse mentalmente para formar una figura reconocible y asociable con un número o término. Se mide el tiempo que necesita, como mínimo un minuto, para cada combinación de formas. También se les pide a los participantes su valoración, de mayor o menor, de las figuras que han generado.

Carlos Cobarrubias, de la Universidad Autónoma de San Luis Potosí, ha puesto en marcha un *Test psicotécnico de creatividad*. Es una prueba que intenta medir la capacidad de pensamiento divergente. Consta de 24 tarjetas, 10 de ellas con imágenes, 6 con colores y 8 con palabras. La prueba intenta medir la fluidez verbal, la fluidez de ideas, la flexibilidad espontánea, la capacidad de asociación, la fluidez de expresión, la originalidad y la sensibilidad a los problemas. La puntuación para cada indicador se basa en la escala de tiempo requerida para cada prueba específica de combinación entre las tarjetas.

Robert Epstein, el creador de la teoría de la Generatividad, desarrolló el *Inventario de Competencias de Creatividad para individuos (ECCI-i)* para medir cuatro tipos de aptitudes básicas. Otra prueba es la de M. Romo, V. Alfonso y M. J. Sánchez-Ruiz, que idearon el *Test de Creatividad Infantil (TCI)*, para aplicar a los alumnos de educación primaria entre 6 y 12 años.

6.1.2 Tests basados en la introspección

Podemos encontrar en libros sobre creatividad muchos tests de creatividad basados en la *introspección subjetiva*. A modo ilustrativo referenciamos unos pocos. Al final de las Referencias bibliográficas se especifican las direcciones de las webs correspondientes. Hay que ir con cuidado porque se encuentran en Internet muchos tests de este tipo que suelen ser de escaso rigor y dudosa efectividad la mayoría.

- El autotest de creatividad que incluyen los autores Ponti, F. & Ferràs, X. (2008) en su libro titulado "Pasión por Innovar".
- Conjunto variado de tests para medir distintos aspectos de la creatividad publicados en la web del Instituto Avanzado de Creatividad Total, del Dr. David de Prado.
- Encuesta del Instituto Universitario de Creatividad e Innovaciones Educativas de la Universidad de Valencia.
- Test de la web peruana Info Art.
- Test de la web de psicología y medicina cepvi.com.

6.1.3 Conclusiones

Ninguno de los tests de creatividad existentes se ha ganado el prestigio de rigor psicológico o científico necesario para convertirse en un estándar universalmente aceptado, sino que sólo sirven para un aspecto concreto. No existe, pues, un instrumento consensuado para evaluar la creatividad de cualquier tipo de estudiante, en cualquiera especialidad. Ni tampoco disponemos de un instrumento que pueda ser utilizado para evaluar todos los aspectos significativos de la creatividad profesional. Y otro aspecto importante a considerar: hoy en día es muy frecuente que los creadores trabajen en equipo. Comprobamos todos los días, empíricamente, que el trabajo colaborativo en grupo potencia la creatividad, pero no disponemos de ninguna herramienta que nos permita medir la creatividad de un colectivo.

En conclusión: Quien decida utilizar uno de los tests de creatividad existentes deberá informarse de qué factores está midiendo y ser consciente de relativizar las mediciones que obtenga.

Pasa con la creatividad lo mismo que con la inteligencia. Una cosa es tener la capacidad (el potencial) y otra es la manifestación de esta capacidad en un momento dado (resultados concretos y particulares). Como en la fábula de la liebre y la tortuga, ante un problema o una situación particular, puede ganar la carrera el que dispone de menor potencial pero aplica mayor dedicación y tenacidad en su trabajo.

Capítulo 7
¿Cómo podemos ser más creativos?

"La creatividad es un privilegio que todos merecemos, es encontrar la libertad dentro de las limitaciones que nos presenta la vida."

Diego Parra Duque
Consultor en creatividad

La creatividad es adictiva. Cuando la saboreas, da placer y ganas de volver a disfrutarla el máximo de veces. Con independencia del nivel de relevancia social que hayan podido conseguir, todas las personas que han probado las delicias de sentirse originales y creativas, desean aumentar su nivel de creatividad y se preguntan qué podría ayudarlas a ser más creativas.

En Psicología de la Creatividad se observa que la creatividad florece cuando superamos las barreras mentales que nos impiden acceder a los conceptos clave que nos abren la puerta a la resolución novedosa y valiosa que estamos buscando. Muchas de estas barreras nos las autoimponemos; otras provienen del entorno; otras son intrínsecas al funcionamiento del cerebro humano. Conocer cuáles son las barreras y las deficiencias del cerebro nos ayudará a evitarlas (ver Capítulo 8). Conocer más a fondo nuestras potencialidades nos ayudará a ser más eficaces (ver Capítulos 9 y 10).

Algunas personas privilegiadas superan de manera espontánea, casi sin esfuerzo, todos los obstáculos que se les ponen por delante. Otras, menos afortunadas, requieren más tiempo y a veces ayudas externas para superarlas. Se comprueba, sin embargo, que ambos tipos de personas sacan gran provecho de los Talleres de Inteligencia y Creatividad. Los talleres les ayudan a aumentar su eficacia creativa porque aprenden cuáles son estas barreras, cómo funcionan y cómo superarlas.

Las dificultades existen. Negarlas no las hace desaparecer. El camino correcto es conocerlas bien y practicar la manera de superarlas.

7.1 Clasificación de las barreras a la creatividad

Para poder tenerlas identificadas y atacar mejor la manera de superarlas, en la *Tabla 3* situaremos las barreras existentes en función de su tipología:

Barreras	Descripción
Ambientales	Son las barreras externas al creador que provienen del entorno en que debe desenvolverse
Perceptivas	Son debidas a errores, desviaciones o limitaciones en la percepción de la situación o problema. Si no percibimos el problema o lo hacemos de manera incorrecta, difícilmente vamos a solucionarlo de manera útil y novedosa
Emocionales	Nos las autoimponemos (de manera normalmente inconsciente) por rechazo a experimentar emociones negativas.
Cognitivas	Son las barreras intrínsecas debidas al propio funcionamiento del cerebro racional y planificador
Bloqueos mentales	Son una serie de bloqueos estadísticamente muy comunes que nos dificultan el acceso al concepto clave, atribuibles a la escasa (o mala) educación recibida en pensamiento y resolución de problemas
Bloqueos expresivos	Son dificultades para hallar las herramientas de representación adecuadas para visualizar el problema y poder conceptualizar posibles soluciones
Socio-culturales	Son las barreras provinentes del entorno social y cultural que el creador ha interiorizado y hecho suyas

Tabla 3. Tipología de las barreras a la creatividad.

7.2 Ayudas a la creatividad

Las posibles ayudas a la creatividad se pueden resumir de la siguiente manera:

1. Conocer y fomentar las actitudes creativas (ver Capítulo 3).
2. Conocer y fomentar las aptitudes creativas (ver Capítulo 3 y 4).

3. Conocer a fondo las distintas barreras que pueden perjudicar la creación y aprender a superarlas de la mejor manera posible (ver Capítulo 8 y siguientes).

4. Aprender a resolver los conflictos entre las percepciones y la lógica (ver Capítulo 9).

5. Practicar estrategias mentales para la resolución de problemas (ver Capítulo 10).

6. Practicar las técnicas creativas de generación de ideas (Ver Capítulo 11 y Anexo I).

7. Ceñir el proceso creativo a un método estructurado (propio o ajeno) para garantizar la eficacia del resultado (Ver Capítulo 11 y Anexo II).

8. Acudir a todo tipo de ayuda que pueda brindar la sociedad y el entorno particular del creador, pero tener siempre presente que la mejor ayuda está en el interior de la persona. Puede y debe ayudarse a si mismo para acrecentar y sacar mejor partido de sus aptitudes. Con palabras de Diego Parra Duque: «La creatividad consiste en explorar lo desconocido y acertar. En poner en duda constantemente todo lo que sucede a nuestro alrededor. En observar la manera como pensamos hasta poder multiplicar las posibilidades de nuestra mente. En romper con la inercia y la rutina de todos los días. En jugar con disciplina, como lo hacíamos de niños. Y en comprender que las posibilidades mágicas de nuestro cerebro pueden ser desarrolladas de manera divertida, pero también rigurosa».

7.3 La superación de una carrera de obstáculos

Crear es siempre una carrera de obstáculos: contra el tiempo (hay que cumplir con plazos a veces draconianos); contra los recursos (casi siempre insuficientes); con imprevistos (nunca faltan), etc. Pero los obstáculos más difíciles de combatir pueden provenir de la propia mente del creador: los bloqueos mentales, la carencia de buenas ideas, las equivocaciones lógicas, los errores de percepción, los desalientos, etc.

Es muy conveniente conocer todo lo que los psicólogos y los propios creadores han inventado para minimizar los efectos de estas barreras nefastas. Disponemos de estrategias básicas para estimular el clima creativo propicio, de técnicas diversas para estimular la generación de ideas y de métodos contrastados para ayudar a la sistematización, organización y eficacia de todo el proceso creativo. Destinaremos los próximos capítulos a exponerlos.

Capítulo 8
Cómo superar las barreras a la creatividad

"En lugar de desear una filosofía abierta y llena de preguntas, queremos poseer una doctrina global, capaz de dar cuenta de todo, revelada por espíritus que nunca han existido o por caudillos que desgraciadamente sí han existido. Adán, y sobre todo Eva, tienen el mérito de habernos librado del paraíso, nuestro pecado es que anhelamos regresar a él."

Estanislao Zuleta

8.1 Barreras ambientales

El ambiente adecuado para crear consta de cuatro dimensiones: el entorno físico de trabajo, el ambiente laboral, el entorno cultural que alimenta el espíritu del creador y la sociedad que debe amparar la creación y recibir el producto creado para evaluarlo.

8.1.1 Malas condiciones del entorno de trabajo

El pensamiento es inmaterial pero requiere un entorno material propicio para desarrollarse. Las molestias físicas y la imposibilidad de concentrarse son enemigos mortales de la creatividad. Las limitaciones en recursos materiales, herramientas o dineros son barreras bastante difíciles de superar. Las principales barreras suelen ser:

- Falta o exceso de espacio físico.
- Falta o exceso de ventilación.
- Falta o exceso de luz.
- Falta o exceso de silencio.
- Falta o exceso de comodidad.
- Falta de tranquilidad que impide la capacidad de concentración. (Si suena el teléfono cada dos minutos es imposible crear nada).
- Falta de materiales.
- Falta de herramientas.
- Falta de recursos económicos.

La superación

Debemos prestar la importancia que tiene al entorno físico donde se supone que vamos a crear. Debe estar apropiado a los requerimientos que nuestro tipo de creaciones necesita.

No se pueden enunciar reglas fijas porque las condiciones tienen mucho que ver con el dominio de cada actividad particular y la idiosincrasia de cada persona, pero tendrá siempre que ver con elementos tales como espacio físico necesario, muebles y herramientas auxiliares, materiales necesarios, luz natural o artificial, temperatura ambiental, horarios propicios, silencio o ruidos, fuentes de documentación accesibles, etc.

Hay quien necesita espacios cerrados e íntimos para desplegar sus ideas. Hay quien requiere espacios abiertos y horizontes lejanos. Algunos exigen silencio absoluto; otros se estimulan con música *heavy*. Para algunos es imprescindible el trabajo cooperativo en equipo; para otros el requisito es la más estricta soledad. Los hay que prefieren el calor; los hay que sólo pueden pensar si hace frío.

Si faltan materiales, hay que ingeniárselas con lo que tenemos, hay que inventar sustituciones factibles.

Si faltan herramientas, tenemos que superar fijaciones funcionales e inventar las combinaciones sofisticadas que hagan falta con las herramientas disponibles.

Si faltan recursos económicos, tenemos que ahorrar en costos de producción y buscar fuentes de financiación o mecenazgos.

8.1.2 Ambiente laboral irrespirable

Si el creativo presta sus servicios en un estudio, taller o empresa, el clima humano que se respira en el lugar de trabajo puede beneficiarle o perjudicarle. Un jefe liberal y un equipo competente, colaborativo y bien coordinado, crean el clima laboral favorable para la expansión colectiva de la creatividad. En cambio, los jefes autoritarios (dirección por amenazas) no sólo inhiben la creatividad, inhiben también la capacidad mental analítica y crean un clima de rebelión sorda y resentimiento que se manifestará en desobediencias ocultas, en espíritu de contradicción y deseo irredento de venganza cuando surja la más mínima oportunidad. Generan una bomba de relojería que rara vez se queda sin estallar.

Las malas relaciones con el equipo de trabajo también bloquean la creatividad. Una actitud de falta de cooperación, de envidias y luchas por ascender, consume demasiadas energías para que podamos expansionar nuestra creatividad.

La superación

El camino para superar una dirección por amenazas pasa por la autoestima, la fe en el trabajo propio y la solidaridad con los compañeros del equipo.

Las posibles vías de superación de las malas relaciones interpersonales pasan por aplicar la inteligencia emocional y las habilidades de liderazgo para intentar cohesionar el grupo y eliminar las rencillas internas.

Si no es posible solucionarlo, la recomendación es cambiar de trabajo, por supuesto.

8.1.3 Entorno cultural pobre o retrógrado

Un entorno cultural pobre y muy tradicional, carente de innovaciones, es una barrera importante a la creatividad. La falta de estímulos de otros creadores ocasiona una soledad difícil de vencer. En sociedades integristas y retrógradas, todo debe estar dentro de las normas y preceptos establecidos y los adultos son los primeros en no asimilar la producción original y la expresión divergente de las manifestaciones infantiles y en desalentar cualquier atisbo de originalidad de las mismas. Los padres castigan a sus hijos cuando éstos quieren darle nuevos usos a los juguetes o a los elementos caseros, de forma que el deseo de redefinición de los pequeños sobre los objetos queda reprimido desde la más tierna infancia.

En este tipo de sociedades suelen campar a sus anchas dos enemigos claros de la creatividad: el sectarismo y el fanatismo.

La superación

Para superar esta barrera, si el país tiene régimen democrático, podemos promover movimientos culturales renovadores e impulsar un cambio cultural.

Si el país está gobernado por una dictadura, nos veremos obligados a integrarnos en grupos clandestinos. Gracias a Internet y a los viajes podemos mantenernos en contacto con movimientos culturales afines de otros países. Si, a pesar de ello, no logramos sentirnos cómodos, deberemos plantearnos la conveniencia de emigrar a un país que tenga un nivel cultural más apropiado a nuestras necesidades.

Está comprobado que los espacios colectivos de expresión creativa redundan siempre en beneficio de la creatividad individual. Convivir con personas creativas estimula nuestra creatividad, siempre que tengamos las actitudes apropiadas, porque nos contagia.

A otro nivel, vale la pena destacar que vivir en una sociedad muy industrializada facilita enormemente la creatividad en lo que se refiere a pensar en términos de máquinas, tecnologías y herramientas y cómo manejarse con ellas. Vivir en una sociedad poco industrializada, en cambio, fuerza a superar las fijaciones funcionales y a hallar usos y funciones alternativos de los escasos elementos de que se dispone.

8.1.4 Una sociedad sin libertades

Un entorno social tradicional y conservador, que rechaza de entrada todos los cambios, es un ambiente difícil para la creatividad, pero una sociedad sin libertades es una barrera que persigue a muerte cualquier tipo de creatividad.

1. Se rechaza sistemáticamente cualquier novedad por temor a que ponga en cuestión los cimientos en que se fundamenta la opresión.

2. La persona inconformista y divergente es aislada, sancionada socialmente, discriminada y, a ser posible, eliminada del tejido social.

A nivel de colectivos, la abundancia de creadores frustrados en este tipo de sociedades es otra barrera a superar. Las personas frustradas suelen caer en la envidia de quienes no se someten a la frustración y se convierten en enemigos desaprensivos y calumniadores del creador que envidian.

La superación

La autoayuda que un creador debe darse en estos casos es la búsqueda de un entorno social propicio.

No es necesario que su entorno social abarque todo el país; en los países de regímenes autocráticos y dictatoriales existen siempre grupos clandestinos de gente subversiva que lucha por la democracia y la libertad. Juntándose con estos grupos, el creador podrá desarrollar su potencial. Pasa incluso, a veces, que el acicate de la lucha en equipo contra la opresión y la dictadura se convierte en el mejor estímulo posible para la creatividad (inconformismo y actitud transgresora).

Si no logra construir esta especie de burbuja, le conviene emigrar a otro país donde florezcan las libertades de pensamiento y expresión y la diversidad. En ningún caso debe dejarse importunar por los frustrados envidiosos. La mejor opción es ignorarlos o, si se puede, dejarlos en evidencia.

Frente a un creador concreto o a una corriente creativa, la sociedad puede tener una actitud negativa, neutra o positiva. Si es negativa, el creador tendrá que superar esta barrera a base de autoestima y confiar en sus proyectos. Si es neutra, que piense que "mucho ayuda quien no estorba".

La *ayuda de la sociedad* a los creadores se podrá plasmar en unas cuantas de las siguientes dimensiones:

- Entorno físico de trabajo. Talleres, estudios, ateneos, clubes, salas de exposiciones, museos, bibliotecas, etc.
- Ayudas en formación. Cursos y talleres prácticos en creatividad. Adecuación de los planes de estudio de las distintas carreras.
- Ayudas económicas. Becas, subvenciones a proyectos, premios, encargos, contratos, etc.
- Ayudas organizativas. Espacios de intercambio de experiencias: concursos, festivales, congresos, exposiciones, etc.
- Soporte moral y emocional. Reconocimiento público del valor y utilidad de la obra creada.

8.2 Superación de las barreras perceptivas

8.2.1 Falta de sensibilidad perceptiva

El creador puede tener ciertos niveles de discapacidad en algunos de sus órganos sensoriales. O puede tener algo mucho peor: falta de sensibilidad perceptiva frente al mundo que le rodea y los estímulos que de él le llegan.

La superación

Si tenemos insuficiencia en la capacidad perceptiva por alguna deficiencia física innata o causada por accidente o enfermedad, deberemos luchar contra ella con todas las armas que la civilización actual nos proporciona. Gafas correctoras, lupas, microscopios, telescopios, prismáticos, visión nocturna, filtros fotográficos, proceso computacional de imágenes, audífonos, amplificadores de la audición, potenciadores del tacto y del olfato, etc.

Si tenemos falta de sensibilidad perceptiva, la mejor solución es educarla con la práctica cotidiana, aprendiendo cómo funcionan nuestros instintos y nuestras emociones y viendo las creaciones de otros autores.

8.2.2 Falta de atención a las alertas de los sentidos

Un problema bastante frecuente y que también puede afectar a las personas con gran capacidad perceptiva es la falta de la atención conveniente a ciertos estímulos sensoriales que aportan información clave. Se captan perfectamente las señales de alerta pero no se identifican como tales y no se les da la significación que les corresponde. Por ejemplo: se percibe olor a gas pero no se relaciona con el peligro inminente de explosión; se capta un ruidito en el motor del automóvil pero no lo llevamos al taller para que diagnostiquen la causa; vemos la mueca de desagrado de nuestro interlocutor y no lo relacionamos con el futuro rechazo a nuestras propuestas.

La superación

La única forma de superar esta dificultad radica en incrementar la observación y el establecimiento de relaciones causa-efecto. Es muy útil analizar a posteriori cualquier desastre o pega importante del cual teníamos indicios de que se iba a producir. Reflexionemos con calma sobre por qué lo hemos pasado por alto.

8.2.3 *No saber percibir los atributos clave de los objetos*

Suele ocurrir que la solución que estamos buscando depende de ver con ojos frescos algunas de las características o atributos físicos de los objetos que intervienen en el problema. Puede ser que intentemos buscar la solución a nuestro problema en un aspecto que en realidad es correcto. Si no sabemos darnos cuenta, difícilmente resolveremos el problema.

La superación

La mejor recomendación al creador es que utilice en profundidad todos sus sentidos para percibir todas las características físicas que intervienen en el problema; que toque, palpe, muerda, huela, mire y remire todos los objetos que intervienen. Puede ayudarse con las técnicas de generación de ideas que se exponen en el Capítulo 11.

Si a pesar de ello, no logra la solución, la mejor recomendación es que aplique la incubación del problema. Un par de ejemplos didácticos nos ayudarán a comprender mejor este tema.

Ejemplo 1. La piedra en el lago.

Juan arroja un canto rodado al centro del lago y la piedra tarda tres meses en llegar al fondo del lago, a pesar de que éste sólo tiene dos metros de profundidad. ¿Cuál es la explicación?

Cuando se plantea este enigma en clase, en una ciudad de clima benigno como Barcelona los alumnos aportan siempre propuestas muy fantasiosas surgidas de fijarse en el atributo "peso de la piedra" (es una piedra muy porosa, tipo piedra pómez, que flota sobre el agua y, poco a poco, se va impregnando de agua, gana peso y se hunde); en el atributo "fuerza de Juan" (Juan Superman lanza la piedra hacia el cielo con tanta fuerza que la piedra tarda tres meses en regresar); también se pueden fijar en el atributo "obstáculos que frenan la caída de la piedra" (algas en el lago o islas de fango que desaparecen a los tres meses; botes que a los tres meses se agujerean; etc.); pueden imaginar que hay "un objeto volador providencial" (un pato volador se traga la piedra y a los tres meses muere en el lago y se hunde en su fondo); etc. Una vez más se demuestra que la falta de acceso al concepto clave es un acicate a la imaginación pero que la imaginación no garantiza el pensamiento productivo que preconizaba Wertheimer.

A los pocos minutos, alguien repara en el atributo "estado del agua" y anuncia con alegría su descubrimiento al resto de la clase: la superficie del lago está helada porque estamos en invierno en un país frío, a tres meses del deshielo primaveral.

Ejemplo 2. El agujero en la tarjeta

Dada una tarjeta de visita y unas tijeras, se tiene que construir un agujero dentro de la tarjeta que permita pasar una cabeza humana. El agujero debe ser de una sola pieza, que no puede estar formada mediante partes pegadas o cosidas entre sí.

Ante este enunciado, la primera reacción normal es pensar que es imposible realizar lo que se pide. Haciendo el agujero más grande que el perímetro exterior de la tarjeta nos permite (ver Figura 6), es evidente que podrá pasar la cabeza de un renacuajo pero no la de un humano. Habrá que acudir al pensamiento lateral.

Mirando y tocando la tarjeta, apreciamos que el papel es un material flexible. Jugando a recortar con las tijeras vemos que podemos fabricar de infinidad de maneras posibles tiras largas de papel, por ejemplo en forma de espiral rectilínea (ver Figura 7). Ya sólo nos falta advertir que un agujero puede ser un simple corte lineal (pensemos que los botones bien pasan por el agujero de su ojal).

Figura 6. ¿Agujero máximo?

Figura 7. Una de las infinitas maneras.

Con unas tijeras suficientemente finas, buen pulso y paciencia, se puede lograr que el agujero efectuado permita el paso de una cabeza de elefante.

8.2.4 Percepciones demasiado superficiales

Podemos estar frente a un problema puntual (falta de concentración, saturación por exceso de información, exceso de prisas o similares) o frente a un problema endémico de malos hábitos.

Percibir con la profundidad necesaria todos los matices de la situación exige un tiempo que la sociedad de las prisas y la inmediatez no siempre está dispuesta a otorgarnos.

Al no haber captado todos los detalles y matices del problema, se nos escapan características esenciales y, en consecuencia, perdemos capacidad de producción de ideas para plantear posibles soluciones.

La superación

Debemos aprender a percibir sin prisas y con mayor profundidad. Ser más observadores, escuchar todo lo que se dice y cómo se dice, aprender los significados de la comunicación no verbal, etc. Existen ejercicios diseñados para ayudar a este aprendizaje. Un ejemplo de ejercicio simple y muy útil para hacer en un Taller de Creatividad es coger una bolsa opaca, colocar un objeto cotidiano en su interior y hacer que un alumno lo describa al resto de la clase utilizando únicamente el tacto. No se admiten preguntas y todos los presentes deben intentar dibujar lo que el alumno explica.

Es impresionante ver la enorme cantidad de dibujos distintos que hacen los alumnos con este sistema. Si se repite algunas veces, con el entreno (aprendemos a prestar más atención a los sentidos, en este caso al tacto), las descripciones de quien toca el objeto de la bolsa mejoran y los dibujos se van volviendo más convergentes.

Sin embargo, conviene recordar sobre este tema que el cerebro humano percibe a través de los canales sensoriales mucha más información de la que puede procesar de manera consciente. Podemos y debemos aumentar nuestro abanico perceptivo, pero siempre habrá un gran número de informaciones sensoriales que se escaparán de nuestro esfuerzo de atención consciente e irán directas a memorias inconscientes. Son estímulos que no hay que despreciar porque nutren el funcionamiento de nuestra mente intuitiva.

Notemos, también, que los distintos sentidos se complementan y refuerzan entre sí: el sonido de una película anticipa a menudo la imagen que vendrá a continuación; el olfato anticipa el sabor de los alimentos; la vista anticipa el placer del tacto; etc.

8.2.5 Dificultad en percibir pautas y patrones

Si al creador le cuesta percibir pautas y patrones de repetición en sus observaciones del mundo que le rodea, difícilmente hallará relaciones y analogías que le permitan plantear transferencias conceptuales en la resolución de problemas.

La superación

La captación de pautas y patrones se puede educar. Se trata de ver de manera suficientemente exhaustiva la obra de otros creadores y reconocer en ellas lo que se denomina "estilo" del autor. A base de acumular muchas visiones de pautas distintas, el creador verá incrementar su capacidad de reconocerlas.

A menudo la buena idea para solucionar un problema parte de darse cuenta de patrones de analogías entre nuestro problema y otros problemas ya resueltos que pueden ser incluso de otros dominios de conocimiento. Es la *resolución por analogía*.

Otras veces los elementos que intervienen en el problema o sus movimientos o sus conductas tienen pautas de repetición periódica que son la clave para construir la solución buscada. Es conveniente, pues, tener bien afilada la percepción de las posibles relaciones de analogías o pautas de repetición.

8.2.6 Bloqueo total para hallar la solución

Llevamos mucho tiempo luchando contra un problema y ninguna de las ideas nos ha funcionado. Estamos en un callejón sin salida y ya no se nos ocurren más maneras de buscar la solución.

La superación

Hay que aprender la estrategia de *relajación* e *incubación* del problema. Hay cierto tipo de barreras mentales que sólo se superan dejando que actúe nuestro inconsciente cognitivo y nuestra capacidad intuitiva.

El gran filósofo y poeta F. Schiller consideraba que, para el surgimiento de la capacidad creativa, es necesario que la razón retire su vigilancia de la puerta por donde van surgiendo las ideas. En una carta dirigida a un amigo, Schiller afirma que si se rechazan y se seleccionan demasiado pronto las ideas (mente analítica y racional), se produce la esterilidad creativa. Por lo tanto, aconsejaba dejar fluir los pensamientos involuntarios y dar paso así a las facultades imaginativas (mente emocional e intuitiva). Saber incubar a tiempo un problema es una estrategia que el creador debe aprender con la práctica.

El pensamiento es como un tanque derribando paredes, pero cuando una pared se nos resiste al pensamiento, por mucho que insistamos por el mismo camino la pared no se va a derribar. Se impone cambiar de camino, pero nos sucede que estamos obsesionados por lo que venimos haciendo y estamos bloqueados para que se nos ocurran caminos alternativos.

Es el momento apropiado para detener el tanque y relajarse, posponer la resolución del problema y dedicarse a cualquier otra actividad que nos produzca distracción y, a ser posible, placer. Dormir y dejar que el inconsciente nos hable en sueños. Pasear, ver una película, hacer el amor, escuchar música, jugar, etc. Se trata de apartar la mente racional del problema y dejar que actúe el inconsciente cognitivo a través de la mente intuitiva. Tenemos conocimientos implícitos almacenados en nuestra memoria que nos pueden ayudar pero que no acuden ahora mismo a nuestra conciencia porque la mente racional los ha eclipsado con otros conocimientos en los que se ha fijado y quedado clavada a pesar de que se está demostrando que no nos sirven.

Si apartamos nuestra atención de esta fijación obsesiva y dejamos que aparezcan los conceptos implícitos alternativos, nos aparecerá de repente, en un momento que no sabemos controlar, la visión que buscábamos.

Algunas veces, esta visión es rotundamente definitiva y nos aporta la solución que buscábamos. Es el momento que Arquímedes inmortalizó con su exclamación de ¡Eureka! (¡Lo tengo!). Es el momento de la clarificación súbita de conceptos que llamamos inspiración. Todas las piezas del rompecabezas pasan a ocupar de golpe el sitio correspondiente y tenemos la sensación de que una potente bombilla ha iluminado nuestro cerebro. Una visión de comprensión súbita que los psicólogos llamamos *insight* que puede producirse en mitad de un sueño mediante una imagen onírica (a menudo simbólica) o en mitad de cualquier actividad cotidiana. La incubación no garantiza que se produzca el *insight* pero es condición necesaria para que se produzca.

8.3 Barreras emocionales

Muchas de las barreras emocionales que presentaremos a continuación no son exclusivas de los creadores, sino que se pueden dar en muchos ámbitos profesionales distintos.

8.3.1 Falta de motivación

La falta de motivación se manifiesta con apatía y falta de entusiasmo para abordar el proyecto creativo. Puede ser debida a una baja autoestima de carácter permanente (falta de confianza en las capacidades creativas propias) o de carácter circunstancial (consecuencia de un fracaso reciente o un desánimo originado por una acumulación prolongada de esfuerzo estéril).

También causa desmotivación un exceso de exigencias externas sobre nuestra obra que han consumido nuestra energía psíquica.

La superación

La mejor medicina contra esta barrera es recuperar la autoestima haciendo memoria de los éxitos anteriores, que siempre los habrá, por pequeños que sean.

Hay que intentar tener una *motivación sin fisuras*. Tenemos que aprender a atender nuestras emociones más íntimas y perseguir nuestros sueños y deseos. No renunciar de entrada a un sueño porque nos parece inalcanzable. La palabra "imposible" debe ser substituida por la palabra "difícil" y las dificultades deben ser vistas como metas a superar, como retos y desafíos estimulantes.

Los fracasos no deben ser vividos como golpes a la motivación, deben ser vistos como un avance en la búsqueda dentro del laberinto. Cuando en la búsqueda del camino de salida de un laberinto vemos que el camino recién investigado es una vía muerta, no debemos tirar la toalla y abandonar, bien al contrario, debemos alegrarnos porque ya nos queda un camino menos a investigar y estamos más cerca del camino correcto.

Si la desmotivación viene provocada por un exceso de presiones y exigencias sobre nuestra labor creativa, la superación de la dificultad pasa por:

- Enfrentarse a las exigencias pidiendo calma, tranquilidad y tiempo.
- Hacer un acopio de ganas de solucionar el problema y aplicar la técnica de la incubación.
- Recordarles a las personas que nos presionan en exceso que la creatividad hace muy malas migas con la ansiedad y las prisas.

8.3.2 Pesimismo y negatividad

Cuando las cosas tardan en salir, es fácil pensar que no lo lograremos y que es mejor abandonar el proyecto.

La superación

Hay que tener cuidado con las frases asesinas, como por ejemplo "esto no funcionará" o "ya lo hemos probado antes", o "nadie lo está haciendo así". Todas ellas sirven para torpedear la motivación y hay que tomarlas como lo que son: intentos de hacernos abandonar. Hay que contrarrestarlas con resistencia a la frustración, con perseverancia, tozudez y resiliencia. Hay que recordar siempre que "nada es imposible", que "todo tiene solución", que "sólo nos falta la manera correcta de enfocarlo". Y que, con calma y tranquilidad de espíritu, sabremos encontrarla.

8.3.3 La falta de inteligencia emocional

La pérdida de afectos, de ternura, de solidaridad y amor al prójimo son carencias que perjudican sensiblemente a la creatividad. El desequilibrio de los afectos, la falta de empatía, la falta de autocontrol de las emociones, la mala calidad de las relaciones interpersonales generan inestabilidad emocional y afectan de forma directa la pertenencia a una comunidad, la capacidad de establecer una relación bidireccional con ella y, en forma indirecta, el equilibrio emocional necesario para ser un buen creador.

La superación

Cada vez más, en el complejo mundo industrial actual, la creación es un tema de trabajo en equipo y se requiere empatía para comprender las visiones e ideas aportadas por cada uno de los miembros del equipo.

Si un creador nota que tiene problemas por culpa de su falta de empatía con la gente, conviene que reflexione a fondo y haga todo lo que esté en su mano para superarlo. Tiene a su disposición magníficos textos de autoayuda, buenos talleres de práctica de la inteligencia emocional y, si la cosa es más grave, puede recurrir a psicoterapia en manos de un psicólogo.

8.3.4 La ansiedad por hallar una respuesta rápida

Las prisas son malas consejeras y suelen repercutir en la calidad de las respuestas. Estamos en una sociedad de ansiedades e impaciencias. Todo tiene que producirse a grandes velocidades: dejamos de trasladarnos con medios de transporte lentos porque consumen un exceso de tiempo; abandonamos la consulta de una web si tarda más de dos segundos en darnos respuesta. La máxima de que "el tiempo es oro" está escrita con letras de fuego en las mentes de casi todos los mortales, muy especialmente en los ambientes urbanos.

Al proceso creativo también se le está escatimando tiempo. Muchos creadores se bloquean porque interiorizan la ansiedad de que tienen que crear "lo que sea" pero "a toda prisa", para que no les pasen delante, para atender rápidamente la posible demanda, para no perder el ritmo estresante de la sociedad que les rodea.

La superación

El estrés no casa bien con la creatividad. Tenemos que hacerle comprender a nuestro cliente o usuario que las prisas son un error. Si queremos creaciones de calidad, hay que darle al proceso creativo toda la tranquilidad y espacio temporal que pueda necesitar.

Tenemos que saber controlar la ansiedad y recurrir a la incubación del problema como una etapa más del proceso creativo, a menudo la más fructífera. Es mejor que hagamos caso del popular dicho "vísteme despacio que tengo prisa".

8.3.5 Las prisas por comerse el mundo

La legítima ambición de ser distinto y entrar en las páginas de la Historia puede generar, cuando es excesiva y obsesiva, unas prisas negativas para el desarrollo normal de los proyectos y pueden repercutir en una ansiedad bloqueante.

La superación

No le pediremos al creador que rebaje sus ambiciones, está en su derecho de tenerlas. Le recomendaremos que las controle para que no le arrastren a la ansiedad, para que las prisas excesivas por llegar no le hagan coger atajos que le aparten de su objetivo.

Si está destinado a entrar en la Historia, más vale que se lo tome con la calma necesaria para entrar acompañado de una obra de calidad indiscutible.

8.3.6 Colapso ante el caos por el vacío

Durante la etapa de generación de ideas es fácil caer en la impotencia del vacío (no se nos ocurre nada) o el caos de un tropel desordenado de ideas que afluyen todas de golpe y saturan nuestra capacidad de proceso (no hay quién se aclare). Algunos creadores se desmotivan fuertemente en estas situaciones.

La superación

El creador debe saber soportar ambas emociones sin perder la motivación ni el control del hilo mental que le guía. Debe tener claro que son etapas normales del proceso creativo que desaparecen si controla las emociones y organiza su mente.

Debe aplicar las técnicas creativas para superar el vacío (ver Capítulos 10 y 11). Debe aplicar el autocontrol (inteligencia emocional) para no dejarse avasallar por la cascada de emociones que conlleva la fluidez creativa. Debe tener la capacidad de planificación para ordenar el caos y conservar para futuras ocasiones las ideas que ahora mismo no sean prioritarias (puede guardalras en un banco de datos de ideas).

8.3.7 Miedos

Muchas de las barreras emocionales consisten en distintos tipos de miedos. En determinadas situaciones es podible que los trampeemos, pero en otras van a ser un obstáculo que, o lo superamos, o nos bloqueará.

a. Miedo a lo que digan los demás

Crear tiene mucho de juego. Un buen creativo tiene que potenciar su parte lúdica. Pero la sociedad emite el mensaje de que jugar es cosa de niños y que una persona adulta y madura, y por extensión un buen profesional, tiene que ser una persona seria y rigurosa, totalmente reacia a los juegos. En cierto modo, la sociedad nos invita a matar el niño que todos llevamos dentro.

La crítica negativa, a menudo despectiva e hiriente, puede desanimarnos y desmotivarnos. Si los compañeros y las personas que valoramos opinan que nuestra idea es una chiquillada, una locura o una inutilidad que no va a ninguna parte, nos resultará muy difícil proseguir con el proyecto.

La superación

En el proceso creativo hay que atreverse a dar saltos mentales y proponer cosas disparatadas, a menudo inviables, que frecuentemente son los estímulos intermedios que necesitábamos para llegar a los conceptos nuevos y útiles que buscábamos. Las ideas libres soltadas en mitad de este proceso nos pueden hacer aparecer como tontos o ignorantes frente a personas que no tengan el hábito de pensar creativamente. El miedo a "qué pensarán de mi" es, evidentemente, una barrera emocional importante para la creatividad.

En contra de las posibles críticas y/o burlas, tenemos que conservarnos niños dispuestos a jugar durante toda nuestra vida. Jugar es un instinto que poseen todos los mamíferos y que se ha demostrado que es un motor importante de aprendizaje y crecimiento personal. Jugar con ideas, pensamientos o cosas es una parte esencial del proceso creativo.

Tenemos que reforzar nuestra convicción en el proyecto, no ceder un ápice ni en motivación ni en autoestima aunque nos quedemos en la más estricta soledad.

Tenemos que repasar mentalmente, una y otra vez, los beneficios de todo tipo que esperamos conseguir de nuestro proyecto, las bases sólidas en las que nos hemos estado apoyando, e imaginar el placer que nos proporcionará poder acudir a nuestros detractores y decirles: "Toma, aquí lo tienes. Atrévete ahora a decirme que era una chiquillada, una locura que no sirva para nada".

Hay que perder el miedo a mostrar ignorancia y preguntar todo lo que necesitemos saber, aunque se burlen presuntos sabios cuya opinión no debería importarnos. No hacer preguntas por miedo a que te tomen por ignorante es hacer pasos de gigante para quedarse en la ignorancia más supina.

Uno tiene que expresar libremente sus ideas aunque las tomen mal. No mostrar tus creaciones por miedo a que no sean aceptadas es el camino seguro a quedarse en la torre de marfil y acabar perdiendo la motivación. "No puedo tolerar que se rían de mí" es un pensamiento muy negativo para un creador. Hay que afrontar la vida con humor y estar dispuesto a reírse el primero de los propios errores.

El gran éxito del método de creatividad llamado *brainstorming*, ideado en el año 1938 por Alex F. Osborn, se debe principalmente a que, en la fase de recolección de ideas (lluvia de ideas), prohíbe totalmente los comentarios de cualquier tipo a las ideas que se van formulando. Osborn fue pionero en mostrar a la sociedad que las ideas más tontas y disparatadas pueden ser un eslabón mental necesario para llegar a la idea genial. Entendemos que son una *idea puente* o *idea trampolín*.

Cuando las críticas despectivas provienen de personas que el creador considera superiores en el dominio de su oficio o personas que forman parte de su círculo afectivo, pueden hacerle mucho daño. Las críticas deberían formularse siempre desde la honestidad y sinceridad y sin olvidar nunca la necesidad de comprensión y apoyo en los posibles errores cometidos. Es harto frecuente que los envidiosos y frustrados viertan el veneno de su envidia e impotencia en críticas despiadadas y, a veces, fuera de lugar. Los creativos deben saber eso y neutralizarlo con autocrítica serena y con la crítica constructiva de personas competentes y honestas.

Es más, todo creador debería tener claro que una de las herramientas más poderosas a su alcance es la capacidad de reflexionar a partir de las críticas recibidas y convertir una idea inicial insatisfactoria en una idea claramente brillante. Aceptar las críticas (honestas o no, acertadas o no), reflexionar sobre ellas y analizar lo hecho bajo esta nueva visión, es un camino eficaz para aportar mejoras a la obra creada.

b. Miedo al fracaso

El miedo a cometer errores y fracasar paraliza y hace que se abandone una buena idea para no asumir riesgos. La creatividad requiere dar un salto en el espacio desconocido que a menudo cae en el fracaso.

La superación

Los errores no deben ser temidos, deben ser considerados como pasos intermedios para llegar a las mejores ideas.

Que el error enseña más que el acierto no es una frase bonita, es una realidad tangible cuando la persona que se equivoca tiene la actitud emocional adecuada frente a sus errores y sabe analizar las causas de los mismos para extraer nuevos conocimientos. La actitud sana y recomendable frente a un fracaso debe ser: "Vale, esto no ha funcionado. Vamos a ver por qué y a encontrar lo que de verdad funcionará".

c. El miedo a perder el control.

Muchas personas tienen rechazo a sentirse movidas por impulsos de base inconsciente porque tienen miedo a perder el control de sus pensamientos y de sus acciones.

La superación

Es imprescindible tener presente que el proceso creativo pasa a veces por abandonar el control en manos de los hechos y los estímulos instintivos y emocionales que se van produciendo. Sin una capacidad de abandonarse sin miedos a la propia dinámica del proceso, es muy difícil que se obtengan resultados notables. Hay que asumir el riesgo a entrar en terrenos ignotos y descontrolados, hay que asumir la posible ruptura de hábitos y creencias. Hay que saberse mover en terrenos ambiguos dónde las cosas han dejado de ser blancas o negras.

Hay que aceptar que los instintos y las emociones conllevan a veces más sabiduría que la mente racional.

d. El miedo a retroceder

Los cambios provocan siempre el miedo, explícito o implícito, de que las cosas vayan a peor. Los conservadores hacen del amor a la tradición una bandera para ocultar su miedo a los cambios y justificar su inmovilismo.

La superación

Antes que nada hay que dejar claro que un buen creativo no va por sistema contra las tradiciones; si el camino tradicional era acertado, se limitan a mejorarlo. La sociedad puede rechazar una buena creación por su miedo al cambio, pero los buenos creadores no pueden permitírselo.

Los creadores tienen que superar el miedo instintivo y natural de todas las personas frente al cambio pensando que su obra va a transformar, en alguna medida, el mundo.

Cuando el creador hace suya la idea de transformar el mundo, su peligro radica más bien en el extremo contrario: que busque tan desesperadamente el cambio por el cambio que caiga en la extravagancia y el disparate.

e. El miedo al ostracismo.

A algunos creadores les puede bloquear el miedo a ser sancionado por apartarse de la normalidad, a caer en la postergación de una sociedad que rechaza las "locuras", lo informal, lo nuevo, todo aquello que no comprende.

La superación

Tal como expusieron Harold Leavitt et al. (1964), lo normal es que las personas deseemos formar parte de alguna comunidad o colectivo. Mostrarse distinto y disentir de las opiniones consensuadas por el grupo puede ser una manera efectiva de marcar una presencia interesante, pero cuando el grupo se cierra y muestra su rechazo, o se asume la postura grupal o se debe empezar a buscar otro colectivo.

Una buena ayuda para superar el miedo a enfrentarse a la comunidad es el repaso de las biografías de los grandes creadores. Muchos de ellos pasaron por épocas duras de rechazo antes de triunfar socialmente. Hay que tener la convicción de que, cuando uno está en lo cierto, tarde o temprano recibirá el beneplácito y la admiración de sus conciudadanos.

f. El miedo a entrar en diatribas y peleas.

A veces el creador se ve en la necesidad de enfrentarse a la sociedad que le rodea para defender su obra. Discutir, polemizar, confrontar sus argumentos con sus detractores. El rechazo a tener que afrontar este tipo de experiencias puede ser una barrera para el despliegue de su creatividad. Muchos creadores dejan de hacer obras atrevidas porque detestan tener que explicar qué les mueve a hacer lo que hacen.

La superación

Hay que entender que es un miedo provocado por el instinto de conservación y debemos superarlo si queremos cumplir con nuestros deseos.

Hay que tener claro que vale la pena hacer un esfuerzo en explicar los porqués de la obra. Recordemos que es muy cierto el aforismo que dice "hablando se entiende la gente". Usando la asertividad se evitan diatribas y peleas innecesarias: "respétame y serás respetado".

g. Miedo al exceso de competitividad

La competitividad es estimulante siempre que no sea excesiva, siempre que el creador no sienta que es una lucha a muerte en la que puede ser expulsado del paraíso. Si genera miedo y preocupación constante, el creador verá mermadas sus facultades por aplicación de su energía vital a la lucha por la supervivencia. Una variante des este bloqueo es el llamado "Síndrome de Salieri".

La superación

En entornos excesivamente competitivos, el creador debe confiar en su autoestima y centrarse en la producción de sus obras. Confiar en que el tiempo pondrá a cada cual en el lugar que le corresponde.

Si no podemos ser Mozart y sólo podemos ser Salieri, tenemos que aceptarlo y dar lo máximo de nuestros poderes. Y, sin envidias, gozar del privilegio de convivir con el genio de Mozart, que siempre se nos puede pegar algo por ósmosis.

h. El miedo al sufrimiento emocional

Todas las personas tienen el impulso natural de rechazo a temas que le son emocionalmente desagradables: muerte, enfermedad, pobreza, tortura, catástrofe y muchos más. De manera particular cada persona añade a esta lista fobias personales procedentes de sus vivencias.

Si para culminar su obra un creador tiene que enfrentarse a una emoción negativa, es muy probable que sufra un bloqueo mental inconsciente que le impida ver que no tiene más remedio que pasar por ello.

La superación

Un bloqueo mental por razones emocionales inconscientes, por razón de esta falta de consciencia, es muy difícil de superar sin ayudas externas. Hay que recomendar al creador que lleve tiempo inmerso en un bloqueo que analice si algunos de los conceptos que él rechaza emocionalmente pueden ser la clave resolutiva que busca. A veces nos negamos a ver conscientemente lo que nuestro inconsciente cognitivo ya ha deducido porque nos molesta que haga falta recurrir a una persona que nos cae mal o aplicar cosas que nos desagradan profundamente. Aunque una medicina sea amarga, si es la apropiada, debemos tomarla.

Un ejemplo útil para ejemplificar en los Talleres de Creatividad el bloqueo mental por barreras emocionales es la siguiente adivinanza formada por tres frases (adaptación libre y un poco maquiavélica de un libro infantil cubano):

Ejemplo 1. Objeto enigmático

> Quien lo construye no lo usa.
> Quien lo compra no es para él.
> Quien lo usa no lo ve.
> Dime tu ¿qué cosa es?...

Los alumnos ven con bastante facilidad que la primera frase hace referencia a un conjunto de posibles objetos tan inmenso que no discrimina nada. La segunda frase resulta más discriminante. ¿Será un regalo? ¿Será que la persona destinataria tiene algún impedimento para hacer la compra ella misma? Pero sigue la barrera.

El profesor debe proponer en este punto centrarse en la tercera frase. Resulta mucho más selectiva. ¿Qué situaciones se nos ocurren en las cuáles el usuario no está viendo lo que usa? Salen una larga lista de situaciones: es un invidente, el objeto se usa en la espalda, es un objeto intangible, está dormido, está inconsciente, no está mirando lo que hace… Suelen pasar unos veinte minutos antes de que algún alumno irrumpa con la solución evidente al enigma: estamos hablando de un ataúd.

Sólo el rechazo emocional que todos los presentes experimentan por el tema de la muerte (en el entorno cultural occidental) justifica que hayan tardado tanto en darse cuenta.

Ejemplo 2. Perdido en el desierto.

Estoy solo y me he perdido en el desierto. Tengo hambre y no dispongo de alimentos. Aunque me repugnan soberanamente, los lagartos y los saltamontes son un alimento muy conveniente en esta situación.

8.4 Superación de las dificultades cognitivas

Muchas investigaciones de la Psicología Cognitiva han demostrado que la mente humana se encuentra muy a menudo en serias dificultades para efectuar con éxito las operaciones cognitivas que son necesarias para la resolución de un problema. Hay dificultades que nos bloquean la mente y hay una amplia diversidad de defectos del pensamiento racional que nos desvían de una manera no consciente del rigor lógico en la emisión de juicios (o diagnósticos) y en la toma de decisiones. Entre las más importantes destacaremos las siguientes:

8.4.1 No haber entendido bien lo que se nos pide

A veces no tomamos conciencia de características fundamentales del problema (falta de comprensión del enunciado). Puede ser debido a que no hemos prestado la atención necesaria o a que no hemos revisado con la calma suficiente toda la información disponible. Es bastante común que, por las prisas o la falta de atención, se nos escapen datos o condiciones importantes del problema y nos empeñemos en resolver un problema distinto al que realmente tenemos planteado.

Si se trata de un encargo de un cliente, puede venir de una mala comunicación a causa de un lenguaje poco preciso (o distinto al que usamos nosotros).

La superación

Conviene repasar a fondo el enunciado del problema y asegurarnos que no se nos ha escapado ningún detalle del mismo antes de empezar a reflexionar sobre las posibles soluciones. Hay que saber mirar el problema desde diversos puntos de vista, los propios y los que imaginamos que puedan tener los distintos actores implicados. Hay que ver todos los atributos de los elementos que intervienen y deducir sobre cuáles será más conveniente actuar.

No hay que olvidar nunca que los pequeños matices pueden representar diferencias tremendamente enormes.

8.4.2 Falta de información

Si nos falta información esencial, será imposible visualizar el problema y sus posibles vías de solución. Es una situación de impotencia que, a veces, el creativo resuelve inventando los datos que le faltan para no quedarse inactivo. Esta forma de actuar, obviamente, constituye un tremendo error.

La superación

Tendremos que perseguir la información que nos falta antes de intentar solucionar el problema. En caso contrario, si hacemos suposiciones no fundamentadas sobre la información que nos falta, podemos tirar todo el trabajo o la basura o, peor aún, aplicar una solución errónea y causar daños y perjuicios no deseados.

Si el cliente no sabe respondernos, tenemos recursos múltiples a los que acudir: bibliotecas, Internet, servicios profesionales, expertos, etc.

Un problema elemental, susceptible de ser resuelto por un alumno de primaria, muestra la impotencia de no tener todos los datos.

Ejemplo. El fuerte

Pedro tiene un fuerte y Evaristo tiene 8 bolívares más. ¿Cuántos bolívares tiene Evaristo?

Tenemos comprensión lingüística del tema y comprendemos que "un fuerte" debe ser, en este contexto, una moneda. Sabemos realizar problemas aritméticos de esta pobre envergadura. Pero estaremos impotentes para hacer nada si desconocemos la equivalencia entre el fuerte (bolívar fuerte) y los bolívares (ambos son monedas de Venezuela).

Si el problema está situado con posterioridad a 1 de enero de 2008, 1 bolívar fuerte = 1.000 bolívares.

8.4.3 *Falta de capacidad de abstracción y generalización*

A veces hemos comprendido bien el problema y lo hemos solucionado correctamente, pero nos hemos quedado en la anécdota particular, en los detalles concretos del enunciado, y no sabemos ver que pertenece a una clase más general de problemas. Nos falla la capacidad de abstracción que nos permitiría generalizar y resolver, con un mínimo de esfuerzo adicional, toda una clase más amplia y global de problemas del mismo tipo.

La superación

Hay que fijarse en los árboles, pero coger siempre la perspectiva necesaria para ver a qué bosque pertenecen.

Ejemplo. El fonógrafo de Edison

Cuando Edison presentó en rueda de prensa su invento del fonógrafo, los periodistas le preguntaron si la máquina serviría para tener la música en conserva y oírla todas las veces que quisiéramos. Edison contestó que no, que el invento estaba destinado tan sólo a grabar tiernas escenas familiares y clases magistrales de los grandes profesores, que la gente no querría tener la música en conserva y preferiría oír siempre música en vivo y en directo.

Los periodistas intuyeron la sombra del bosque, pero Edison se quedó en un par de árboles. No fue consciente de que acababa de inventar el predecesor de las grabaciones de alta fidelidad, un instrumento totalmente revolucionario para la comunicación humana de todo tipo.

8.4.4 Quedarse sin ideas atractivas

A veces un creador pasa por períodos de sequía mental. Ha terminado lo que tenía entre manos y no tiene en corto ningún tema que le motive suficientemente.

La superación

Si hemos tenido la previsión, a lo largo de los años, de construir una base de datos de ideas a explorar, nunca se nos presentará esta situación.

No hay que dejar escapar ninguna de las ideas que intuimos que pueden ser potencialmente útiles. Las buenas ideas son un bien escaso que debe preservarse. Cuando aparecen, no siempre estamos en condiciones de explorarlas a fondo. Tenemos muchas ideas a lo largo de nuestra vida que se quedan en simple embrión, que no afrontamos en el momento que nos llegan porque estamos demasiado ocupados en otros proyectos o porque pensamos que es casi seguro que ya se le habrán ocurrido a alguien antes, o cualquier otra razón. Todos los teóricos de la creatividad están de acuerdo en que hay que preservar estos embriones porque en otro momento pueden llegar a madurar y gestar una creación importante. Pero si confiamos únicamente en la fiabilidad de nuestra memoria y no las conservamos externamente, es muy fácil que caigan en el olvido y se pierdan. Hay que anotar enseguida todas las ideas que se nos ocurran para que no desaparezcan con la misma rapidez que llegaron. Se trata de almacenarlas debidamente para que puedan ser consultadas en épocas de carencia. En una carpeta, un bloc de notas, una base de datos, lo que cada persona estime más ajustado a su manera particular de trabajar. Es conveniente tener siempre a mano un cuaderno de notas (analógico o digital) para retener las ideas que surgen, especialmente por la noche y al despertar (los sueños y los estados de semivigilia son momentos especialmente fértiles). Richard Branson, el empresario que ha creado el imperio Virgin, explica que llega a utilizar entre seis y nueve agendas de tapa dura al año, para anotar y retener sus ideas, impresiones y observaciones.

Es un hecho sabido que muchos de los grandes inventos, descubrimientos y obras de arte de la Historia han pasado por largos letargos previos en almacenes temporales de su autor antes de recibir el impulso definitivo.

8.4.5 Estar sumergido en un exceso de información

El exceso de información desinforma. Crea entropía. Satura la mente y no permite distinguir los elementos esenciales de los prescindibles.

Queremos confiar en que nuestra mente sabrá recordarlo todo, pero esto no es cierto. Pensamos que sabremos separar rápidamente el grano de la paja, pero tampoco resulta nada fácil.

La superación

Es conveniente, pues, aprender a ser selectivo con nuestras fuentes de información. Busquemos la calidad y rechazemos las fuentes con poca fiabilidad y exceso de "ruido". Y filtremos la información recibida con toda la calma que haga falta y categorizémosla según el interés que tiene de cara a nuestros objetivos; destaquemos las partes que realmente son significativas para nuestro proyecto. Sólo de esta manera lograremos eliminar el bloqueo que nos provoca la falta de digestión de la información disponible.

8.4.6 Falta de capacidad de concentración.

Si a mitad del proceso creativo perdemos la concentración, será prácticamente imposible que lleguemos a buen puerto. La verdad es que los humanos nos distraemos muy fácilmente y nos cuesta aprender la manera de proteger y canalizar la energía mental que tenemos sobre el tema que nos interesa. El exceso de pereza y la falta de disciplina son coadyuvantes de esta barrera a la creatividad.

La superación

Para superarla, intentemos eliminar las distracciones. El mejor camino es combinar la práctica y la tenacidad.

8.4.7 Repetir obsesivamente el mismo procedimiento

Cuando un procedimiento que habíamos estimado intelectualmente como adecuado no funciona, tendemos a intentar aplicarlo obsesivamente una y otra vez con la esperanza vana de que los hechos tozudos den la razón a nuestro pensamiento. Dice un viejo refrán español que "el hombre es el único animal que tropieza dos veces con la misma piedra". Pero la realidad es aún más triste: somos capaces de tropezar docenas de veces en la misma piedra con la ilusión vana de que desaparezca por arte de magia.

La superación

Para contrarrestarlo, decía Einstein: "Si quieres obtener resultados distintos, debes hacer cosas distintas". Aunque en el mismo momento del fracaso seamos incapaces de comprender por qué no funciona nuestro planteamiento, se impone buscar planteamientos alternativos. La acción es siempre mucho más resolutiva que el pensamiento y es altamente probable que el nuevo procedimiento nos aporte la luz sobre qué fallaba en el procedimiento anterior.

8.4.8 Creer que la lógica nunca falla

Creer que la lógica es una herramienta muy poderosa que nunca falla es un error cognitivo bastante frecuente, posiblemente a causa de la educación que hemos recibido, que ha mitificado el poder de la lógica y la ha colocado en un pedestal. A raíz de este error, muchas personas tienen la creencia, también errónea, de que todo se puede resolver por el método científico, que sólo es cuestión de disponer del presupuesto necesario.

Diferentes experimentos de la Psicología Cognitiva han demostrado que los humanos cometemos muchos errores al aplicar la lógica y que, en consecuencia, debemos poner en revisión la supuesta infalibilidad de la misma. Entre dichos experimentos, destacaremos el de las tarjetas de Peter Wason (1996).

Ejemplo 1. Las tarjetas de Wason

Figura 8. Tarjetas de Wason.

Tenemos cuatro tarjetas (ver *Figura 8*) que tienen, todas ellas, un número en una de sus caras y una letra en la cara opuesta. Nos piden que verifiquemos la hipótesis que dice que "si una tarjeta tiene una vocal en una cara, debe tener obligatoriamente un número par en la cara opuesta". Pero se quiere que se giren únicamente las tarjetas que es imprescindible comprobar. ¿Qué tarjetas tenemos que girar y por qué?

La mayoría de sujetos dan la vuelta a la tarjeta de la E, que es una decisión correcta. Pero hay que destacar que existe un pequeño porcentaje de sujetos que fallan.

Algunos sujetos dan la vuelta a la tarjeta de la K. Una falla en la comprensión del enunciado o una falla de lógica, porque la regla dada no estipula absolutamente nada sobre las consonantes.

Un gran porcentaje de sujetos da la vuelta a la tarjeta del 4. Una nueva falla en la comprensión del enunciado o una nueva falla de lógica, porque la regla dada no estipula que detrás de los números pares deba haber una vocal.

Finalmente, sólo un 4% de los participantes en el experimento dieron la vuelta a la tarjeta del 7. Un craso error de lógica del 96% restante, puesto que si detrás del 7 estuviera una vocal, nos echaría por tierra la hipótesis anunciada.

Conclusión: en ciertas circunstancias, para cierta clase de silogismos, la mayoría de los humanos cometen errores en la aplicación de la lógica. No podemos fiarnos, pues, de que sus deducciones sean efectuadas siempre de manera correcta.

8.4.9 Las trampas mentales

Kahneman & Tversky (1982) demostraron con sus experimentos que la lógica humana tiene serias dificultades para permanecer pura y que hay un gran número de situaciones en las que se contamina de las emociones. No somos totalmente racionales en la toma de decisiones y, además, somos muy malos estadísticos intuitivos: no valoramos de la misma manera situaciones que analíticamente tienen la misma esperanza matemática si nos las presentan en contextos diferentes.

En sus obras, Kahneman y Tversky señalaron que delante de dos situaciones equivalentes analítica y racionalmente, la mayoría de las personas las trata como distintas y escoge como más favorable uno de los dos planteamientos, rehuyendo el otro a pesar de que efectivamente comparten características esenciales.

Tomamos juicios y decisiones erróneas por una trampa mental inconsciente que nos hace creer que estamos siendo totalmente racionales cuando en realidad nos estamos moviendo por emociones.

La superación

La mejor manera de combatir estas desviaciones de la mente racional consiste en estudiarlas a fondo para conocer bien cómo funcionan. Es condición necesaria −aunque no suficiente− para evitar caer en ellas.

Dos textos muy recomendables para esta finalidad son "Los túneles de la mente" de Piattelli-Palmarini (1995) −una magnífica divulgación de los descubrimientos de Kahneman y Tversky que combina a partes iguales amenidad y rigor− y "Trampas mentales" de Motterlini (2010) −que abarca un ámbito más amplio.

Ejemplo 1. ¿Se puede fumar?

Si un feligrés le pregunta al rector de su parroquia si puede fumar mientras reza, recibirá una negativa taxativa. Si le pregunta, en cambio, si puede rezar mientras fuma, recibirá una aprobación entusiástica.

A pesar de que racionalmente estamos frente a la misma situación, el párroco ha visualizado emocionalmente dos escenarios muy distintos que están en su imaginación pero que en verdad no estaban en las preguntas efectuadas.

En el primer escenario ha imaginado al feligrés fumando en el interior de la iglesia. En el segundo escenario ha imaginado el feligrés fumando en la calle o en su casa.

Ejemplo 2. El ahorro de 5 €

Somos capaces de cruzar la ciudad de punta a punta para ahorrarnos 5 € en la compra de una calculadora que vale 15 €. No cruzamos la ciudad, en cambio, para ahorrar 5 € en la compra de un vestido que vale 150 €.

El ahorro absoluto y objetivo sería el mismo, pero el aspecto emocional que le vinculamos es diferente. En el primer caso valoramos un ahorro del 33 %, en el segundo caso apreciamos un ahorro de solamente el 3,3 %.

Ejemplo 3. Precios seductores

Aunque estemos hartos de verlo, los grandes almacenes siguen poniendo precios de 9,99 € (en vez de 10 €).

Son muchos los compradores (todavía hoy) que leen 9 y pico y se quedan con la idea de que vale "algo más de 9".

8.4.10 Ilusión de control

Se dice que tenemos ilusión de control sobre una determinada máquina o evento cuando creemos que existe una relación de causa - efecto (que en realidad no existe) con una variable que gobernamos a voluntad.

Ejemplo 1. La falacia del jugador

Pensar que el éxito en un juego de azar depende de un color de corbata o de un entrecruzado de dedos.

Ejemplo 2. Si la montaña no viene a Mahoma....

Según una invención de Sir Francis Bacon, Mahoma convenció a sus seguidores de que a una orden suya se le iba a acercar una montaña desde la cuál predicaría. La muchedumbre se reunió, Mahoma llamó una y otra vez a la montaña y ésta no se movió de lugar.

El profeta dijo sin abochornarse: "Si la montaña no viene a Mahoma, Mahoma irá a la montaña". Si la montaña se hubiera movido por, pongamos por caso, un movimiento sísmico, Mahoma habría tenido una ilusión de control.

Este texto no pertenece a ningún libro religioso ni procede de Oriente. Figura en los ensayos de Sir Francis Bacon (1561-1626), filósofo inglés y canciller del reino, quien fue precursor del método experimental en la ciencia y uno de los más firmes adversarios del conocimiento dogmático y supersticioso de la Edad Media.

Ejemplo 3. No sufras que yo controlo

Muchos automovilistas creen controlar al 100% los movimientos de su máquina a velocidades cada vez más altas. No se dan cuenta, o se dan cuenta trágicamente tarde, que un simple 0,1% de descontrol en situaciones de alto riesgo puede ocasionar el desastre total.

Ejemplo 4. Fumar mata

Algunos fumadores recalcitrantes reconocen todos los riesgos para la salud que su adicción les comporta, pero no abandonan el tabaco. Creen (o quieren creer) que controlan la situación, que su salud no se resiente "todavía" (o aún no demasiado) y que el día que esto ocurra podrán dejar de fumar sin problemas.

Ejemplo 5: Compensando la gula

Algunas personas propensas a la obesidad, después de una comida opípara "controlan" tomándose el café con sacarina en lugar de azúcar.
Sin más comentarios.

Ejemplo 6: Determinismos ilusorios

Las correlaciones entre dos variables pueden conducirnos a ilusiones de control si las extendemos inconscientemente al 100%.

Tendemos a confundir el hecho de que una variable "influye" enormemente sobre otra en un porcentaje elevado de veces con el hecho de que "la determina completamente".

No es lícito confundir una correlación con una relación determinista. Que exista una gran correlación entre el nivel de pobreza y el nivel de delincuencia, no significa que todos los pobres sean delincuentes. "Lo más probable es que funcione de una determinada manera" no significa que tenga que funcionar obligatoriamente de aquella manera. Es un terrible error racional muy frecuente, incluso entre científicos, confundir ambos conceptos.

Para no caer en esta desviación mental conviene recordar que la Estadística fue inventada para estudiar y medir las relaciones y correlaciones que existen entre dos variables cuando se ha visto que no hay ninguna ley determinista que las una.

8.4.11 Confundir los deseos con la realidad

A veces las personas vemos las cosas tal como nos gustarían que fueran, no como son en realidad. Queremos obtener el máximo beneficio en todos los aspectos e imaginamos que la situación es plenamente favorable a nuestros objetivos y fantaseamos que es un hecho. Huimos de la dureza de la realidad pensando que aquello que hemos imaginado ya se ha convertido en realidad. Es un error típico de los ingenieros, diseñadores e inventores novatos que fácilmente pueden caer en fantasías con tecnologías inexistentes.

La superación

Evidentemente, la aplicación del método científico evita totalmente caer en este error. Al intentar comprobar empíricamente la certeza de nuestras suposiciones, se deshacen las fantasías y volvemos al reino de la realidad.

Ejemplo: La puerta perfecta

Diseñar una puerta que sea capaz de aislar o no (a voluntad del usuario) dos ambientes en relación a la visión, el ruido, el aire, la temperatura, la lluvia, el humo y los insectos. Todo ello al mismo tiempo y con un único dispositivo regulador.

Es la puerta perfecta, el sueño inalcanzable a día de hoy. En las películas de ciencia ficción podemos ver campos electromagnéticos y detectores especiales que hacen esto y mucho más. En la realidad industrial, que sepamos nosotros, no disponemos de ninguna combinación de tecnologías que nos permitan hacer la puerta perfecta. Al menos a precios razonables.

Este ejemplo nos recuerda que en el mundo real el creativo tiene que negociar los límites de satisfacción de los requerimientos formulados. Cuando recibe un encargo con una larga lista de requerimientos, deberá pactar con su cliente límites factibles en el cumplimiento de cada requerimiento. De no hacerlo, corre el riesgo de tener que afrontar la frustración del cliente y la no aceptación de la obra que creó.

8.4.12 *Exceso de análisis del problema*

Aplicar la mente analítica una y otra vez, con anillos de profundidad cada vez más amplios conduce a lo que llamamos "la parálisis por el análisis". En cada capa analizada descubrimos subcapas que valdría la pena analizar.

La superación

Hay que saber combinar la mente analítica con la intuitiva. El análisis con la acción. Tenemos que procurar sincronizar nuestros dos hemisferios cerebrales.

Hay que dejar de analizar y emprender acciones, tanteos, pruebas, para avanzar más rápidamente en el proceso creativo. Las pruebas, los experimentos, son siempre resolutivos. Si fracasan, eliminan opciones y caminos del laberinto mental que nos ahorraremos tener que analizar. Si tienen éxito parcial, nos dan valiosas pistas de por dónde hay que seguir analizando.

8.4.13 *Autocríticas poco objetivas*

Hay personas que tienen gran facilidad para criticar las ideas de los demás pero les cuesta horrores aportar ideas ellas mismas. Hay, en cambio, personas que tienen gran facilidad para generar ideas pero rehúyen sistemáticamente evaluarlas.

Cuando el exceso/falta de crítica se aplica sobre uno mismo, puede afectar la capacidad creativa. A la corta en el primer caso; a la larga, en el segundo caso.

Si una persona tiene un espíritu crítico demasiado acusado y entra inmediatamente a juzgar y ver los inconvenientes de su obra, será muy difícil que lleve a buen término sus proyectos. Como no existe la perfección, a cualquier propuesta que se le ocurra le encontrará inmediatamente alguna pega, alguna parte negativa. Matará sus ideas antes de que maduren.

Si, por el contrario, carece del espíritu crítico necesario, formulará gran número de propuestas desaforadas que recibirán el rechazo social y acabarán afectándole en la autoestima y la motivación.

La superación

El punto ideal de equilibrio radica en saber hacer crecer nuestras ideas nuevas hasta que maduren convenientemente antes de evaluarlas con espíritu crítico. Esto es precisamente lo que –trabajando en equipo para potenciar la eficacia– persigue la estrategia de "suspensión del juicio", que prohíbe la crítica hasta más tarde del brainstorming. Después ya vendrá la maduración, el desarrollo y finalmente nuestra evaluación crítica. Superado este punto es cuando se podrá presentar la idea en sociedad.

8.4.14 Una imaginación desajustada

La imaginación es la base imprescindible para la inventiva. En 1931 Albert Einstein afirmó que en momentos de crisis la imaginación era más importante que el conocimiento.

Una falta de imaginación nos condenará a no ser creativos o a poder basarnos únicamente en el análisis racional de las cosas. Pero una imaginación desbordada puede ser también una dificultad a vencer. Imaginar sin freno limita la capacidad de madurar convenientemente las propuestas de solución y, en consecuencia, frustra muchas de las creaciones porque las aborta en su estado embrionario.

La superación

Para la falta de imaginación, la solución es apoyarse en técnicas de estimulación de ideas (ver Capítulo 11).

Para el exceso de imaginación, la solución pasa por construir una base de datos de ideas a fin de que no se pierda ninguna e imponerse la disciplina de escoger un único tema a desarrollar y concentrarse en él.

8.4.15 *Falta de planificación y metodología*

La planificación es la capacidad mental que se adquirió más tardíamente en la evolución del cerebro. Está ubicada en los lóbulos prefrontales del cerebro y necesita para su funcionamiento óptimo una buena inteligencia racional de apoyo y una buena inteligencia emocional para la toma de decisiones correctas.

Si buscamos la aparición de la idea feliz sin método, tendremos escasas probabilidades de éxito. Tenemos que evitar caer en el mito de las musas que aparecen al azar por inspiración divina. La inspiración viene al azar rarísimas veces. Lo normal es que venga de la transpiración.

Abordar la resolución de un problema sin una metodología para la transpiración convierte la obtención de un buen resultado en una lotería. Conviene aplicar las técnicas del "oficio". Y las técnicas del oficio creativo son las estrategias mentales para la resolución de problemas, las técnicas para estimular la búsqueda de nuevas ideas y los métodos para estructurar los proyectos de producción. Se trata de estudiarlos y practicarlos para adquirir mayor madurez en el "oficio".

La planificación de un proyecto, su gestión y su seguimiento durante la realización son técnicas y métodos que se pueden aprender mediante la práctica y que se deberían enseñar –con enfoques adaptados a cada caso– en todas las carreras universitarias.

La imagen del creador genial que encuentra maravillas sin someterse a ningún orden ni control queda muy bien en la literatura y las películas, pero está muy lejos de la realidad de la mayoría de los mortales.

Ponerse a trabajar sin la debida planificación nos aportará obstáculos y más obstáculos. No podremos evitar el correspondiente derroche de recursos ni los retrasos en los plazos de entrega. Son dificultades serias que pueden llegar a convertirse en insalvables.

La superación

Existen estrategias que ayudan sobremanera a superar las barreras mentales y resolver problemas y que, desgraciadamente, no suelen enseñarse en la educación formal actual, sino que quedan reducidas a algunas carreras como Bellas Artes, Diseño, Ingeniería o Empresariales. A partir del Capítulo 10 vamos a ver técnicas y métodos de ayuda a la creatividad.

Vale la pena aprender a trabajar con estrategias mentales de resolución de problemas, a utilizar técnicas para ayudar a la generación de ideas nuevas y a organizarse con método en la ejecución de los proyectos. Es decir, a transpirar con organización y metodología. Eso sí, sin perder nunca el placer lúdico del acto creativo. Jugar con disciplina como hacen los niños: respetando las reglas del juego pero divirtiéndose.

En la etapa de plasmación de una idea en producto es imprescindible una buena capacidad de planificación. Hay que saber organizar las actividades, los recursos disponibles y los tiempos requeridos.

8.5 Superación de bloqueos mentales

A veces tenemos los conocimientos necesarios para hallar la resolución del problema pero estamos bloqueados por ciertos hábitos mentales adquiridos que nos impiden momentáneamente acceder a ellos. Únicamente podremos superar este tipo de bloqueos si sabemos que existen y comprendemos como funcionan.

8.5.1 Exceso de familiaridad con el tema

La excesiva familiaridad con un tema puede ser una barrera para ser creativo en dicho tema. El hecho de haberlo visto siempre igual nos ha llevado a aceptarlo tal cual sin cuestionarlo y hemos adquirido la creencia no consciente de que es inamovible.

La familiaridad excesiva es uno de los grandes peligros de los expertos. Incita a caer en el exceso de confianza, "yo lo sé todo de mi oficio y nadie me vendrá a enseñar nada nuevo". La historia cotidiana y la Historia Universal están llenas de ejemplos de faltas de visión por exceso de familiaridad y confianza. Los expertos de la Western Union en Estados Unidos en 1876 y los de Correos de Su Majestad en la Gran Bretaña rechazaron el teléfono de Alexander Graham Bell porque no vieron la necesidad de complicarse la vida puesto que los servicios de correos y telégrafos de la época eran muy eficientes. Los expertos de Decca Records rechazaron a los Beatles porque los grupos de guitarra ya no estaban de moda. El almirante W. Lehaly le aseguró al presidente Truman en 1945 que la bomba atómica no funcionaría porque, como experto en la materia, sabía que los explosivos "nunca se han hecho así".

La superación:

Aunque nos va a costar mucho apartarnos de esta creencia que tenemos interiorizada, precisamente porque no somos conscientes de ella, no debemos cejar en nuestro empeño de mirar el tema de una manera nueva, con ojos limpios y mente abierta. Pueden ser de gran ayuda las técnicas del análisis morfológico que detallaremos en el Capítulo 11 (desplegar todos los atributos de los objetos y analizarlos con calma uno a uno).

Ejemplo 1: La invención de los contenedores

Cuando la industria naviera cayó en crisis profunda en los años cincuenta,todos los expertos buscaron soluciones en la reducción de costes de operación. Pero todos miraron el problema con exceso de familiaridad y se dedicaron a proponer barcos más baratos, de menor consumo y menor personal.

Sólo uno de los implicados (el conductor de camiones Malcom MacLean) se dio cuenta en 1956 de que la verdadera solución consistía en mirarse el negocio del transporte marítimo con ojos distintos. Si querían competir con el transporte por ferrocarril y por carretera, tenían que transportar dentro del barco camiones enteros y vagones de ferrocarril. Ahí nace el concepto clave: el contenedor.

Reduce drásticamente los tiempos de carga y descarga del barco, lo que reporta un ahorro importante en costes operativos y en derechos de amarre, y combina a la perfección con los transportes de ferrocarril y carretera.

En definitiva, este ejemplo nos enseña que si no puedes batir a tus enemigos, procures buscar una alianza con ellos en la que todas las partes salgan ganando.

Ejemplo 2: Un diseño innovador
Un fabricante de sillas para terrazas de bares y restaurantes le encargó a un conocido diseñador una propuesta innovadora para mejorar sus ventas.

El diseñador les planteó la necesidad de cambiar radicalmente toda la cadena productiva. Les propuso dejar el hierro pintado y pasarse al aluminio anodizado. Creó para ellos un modelo de silla superligera y apilable, agradable a la vista y confortable. Le hicieron caso, apostaron por transformar toda su cadena productiva y, a los pocos años, era la silla de su tipo más vendida en toda España.

Ejemplo 3: Cuestión de tomates

Un cosechero de tomates pidió a un ingeniero que le diseñara una máquina para recolectar sus tomates. Desarrollaron varios prototipos sin grandes éxitos: las diferentes máquinas construidas destrozaban buena parte de la cosecha.

Después de los intentos fracasados, un amigo diseñador le proporcionó una solución mejor: cambiar la especie de tomates a cultivar, emplear tomates más duros (que no se chafen al cogerlos) y más accesibles en la mata (que faciliten la tarea a la máquina).

Un error frecuente en ingenieros y diseñadores es centrarse en la optimización de un dispositivo concreto que les es familiar y olvidarse de buscar una visión más global del problema que les pueda llevar a ver otras alternativas de solución.

8.5.2 Basarse en prejuicios y estereotipos

Los prejuicios provienen de las asociaciones mentales que hacemos de manera implícita y suelen tener una base instintiva. Son tales como: las personas de razas exóticas son peligrosas; las personas obesas, no; las serpientes son muy peligrosas; los insectos pequeños, no. Etc.

Si nos movemos por los conceptos previos que tenemos de las personas y las cosas, difícilmente podremos apreciar maneras nuevas de afrontarlas.

La superación

La superación de esta barrera pasa por abrir la mente. Un creador debe poner en duda constantemente todo lo que sucede a su alrededor y estar abierto a explorar tanto lo desconocido como todo aquello que cree que ya conoce. Un creador debe vaciar su mente de las ideas superfluas, caducas, superadas, inservibles, etc. para poder disponer de un hueco mental adecuado para la recepción de nuevas ideas. Hay que desaprender todo lo que nos estorba y abrir la mente a nuevas posibilidades.

Ejemplo 1: La unión de partes de un avión

El prejuicio común es que si queremos juntar con consistencia dos piezas de un avión tendremos que recurrir a uniones metálicas con remaches o soldadura y en ningún caso se nos ocurriría usar pegamentos.

La realidad es que existen pegamentos que unen de manera más fuerte y duradera que la soldadura o los remaches y que son utilizados de manera preferente en la industria aeronáutica actual.

Ejemplo 2: Los cascos de los barcos

El prejuicio común es que los cascos de barco tienen que ser de madera, fibra de vidrio o hierro. Pero la madera se pudre, la fibra de vidrio se astilla y el hierro se oxida.

Se ha comprobado que el hormigón (un tipo especial de poco peso) sirve de maravillas para fabricar cascos de barcos que no se pudren ni astillan ni se oxidan. A pesar del prejuicio de ver el hormigón como un material pesado e inadecuado para estos fines.

Los estereotipos, en cambio, tienen una base cultural. Se basan en observaciones estadísticas de poco rigor y provienen del deseo de simplificar la memoria y facilitar la formación de categorías y, en consecuencia, el reconocimiento de patrones. Son muy utilizados por la literatura, el cine y el teatro porque ahorran tiempo en descripciones. Los camioneros son corpulentos y cerveceros. Los poetas son flacos y con gafas. Los catalanes son ahorrativos y trabajadores. Los andaluces son graciosos y juerguistas. Los usureros son viejos, feos y encorvados. Los malvados miran de soslayo. Etc.

Ejemplo 3: Un día en la playa

En las playas del Mediterráneo el equipamiento estereotipado consiste en una gran toalla de playa de vivos colores. La toalla sirve (en teoría) para protegernos del exceso de arena al tumbarnos y para secarnos del agua, pero ambas funciones las cubre malamente. No es lo bastante rígida para impedirnos el contacto con la arena y esta misma arena que la impregna nos molesta para secarnos.

Sería una solución más inteligente llevar una esterilla para tumbarnos en la arena y una toalla de pequeño formato (de menos bulto) para secarnos.

8.5.3 Pensar que la lógica nunca falla

Un error cognitivo muy común consiste en aplicar la deducción lógica demasiado pronto en el proceso de generación de ideas. Es la manera segura de cerrar el camino a los pensamientos intuitivos que pueden producir ideas inusuales y creativas.

La superación

La manera de superar esta deficiencia es mediante la estimulación de la mente intuitiva y la vigilancia estricta de nuestra mente lógica, asegurándonos de que no partamos de premisas falsas y que no caigamos en errores al aplicar los silogismos.

El creador debe tener presente que la lógica nos permite excavar y profundizar en los pozos mentales que ya tenemos abiertos pero que, si quiere encontrar nuevos pozos mentales a explorar, tendrá que recurrir a la intuición y al pensamiento divergente. Evidentemente, con el riesgo de abrir pozos que no aporten nada.

8.5.4 *Fijaciones funcionales*

Los objetos y herramientas que nos rodean han sido creados, cada uno de ellos, para una finalidad específica: un martillo para clavar clavos, un destornillador para manejar tornillos, un revólver para disparar balas, un libro para leer, una silla para sentarse, etc. Cuando no disponemos del objeto idóneo para realizar una determinada función una mente creativa sabe aplicar la flexibilidad mental y encontrar un objeto alternativo. Un martillo puede ser un arma asesina; un revólver, en cambio, puede servir para clavar clavos; un cuchillo puede hacer las veces de destornillador; una silla para hacer de escalera; etc. Se llama fijación funcional al bloqueo mental que nos impide ver el posible uso alternativo de un objeto, y limitarse a utilizar cada cosa para lo que fue inventada. Una mente creativa sabe sacar recursos de donde no existen, componérselas con los objetos y las herramientas que tiene a mano aunque sea inventando para ellos nuevas funciones originalmente no previstas.

Ejemplo 1. Un juguete de mil posibilidades

Una caja de cartón de gran tamaño puede ser el juguete más preciado para un niño. El niño puede utilizarlo como mesa, silla, cueva, casa para muñecos, túnel para su tren, garaje para sus cochecitos, carretilla o camión de transporte, cajero automático que entrega billetes del Monopoly, cámara de grabación de televisión, etc.

Ejemplo 2. Los mil y un usos de un libro

Dicen que el mejor amigo del hombre no es el perro sino el libro.
Un libro encuentra en nuestra vida cotidiana docenas de usos alternativos: contrapeso, bandeja para cacahuetes, sujeta-puertas, escondite de fotos o documentos, plancha para los pantalones, matamoscas, abanico (si es ligero), corrector de la altura de la pata de un mueble, repisa para la pantalla del ordenador, bloc de emergencia, papel para encender la chimenea, etc.

8.5.5 *Bloqueos geométricos*

Cuando de trata de aplicar modificaciones a figuras geométricas tenemos adquirida la mala costumbre de encajonarnos en ángulos rectos y líneas perpendiculares y a resistirnos a movernos fuera del plano. Nos imponemos de manera inconsciente limitaciones que no están en el enunciado del problema.

Ejemplo 1. La piscina entre árboles

Un padre de familia tiene en su jardín una piscina cuadrada con un árbol plantado en cada vértice (ver *Figura 9*). Al aumentar la familia quiere duplicar la superficie de la piscina pero manteniendo su forma cuadrada. Como ama a sus árboles, no quiere perjudicarlos en lo más mínimo. No se plantea trasplantarlos ni, mucho menos, cortarlos. ¿Cuál será la solución a sus deseos?

Figura 9. La piscina con árboles.

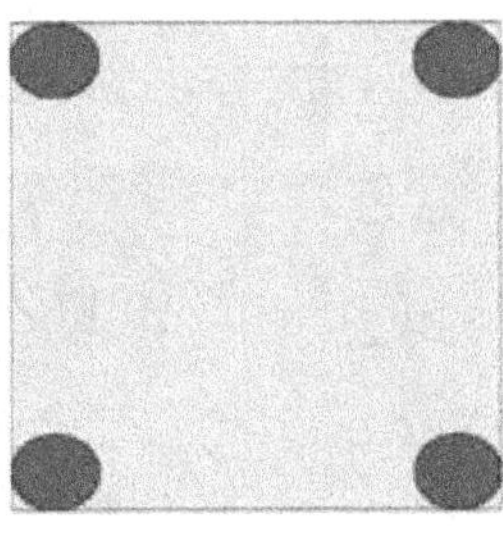

Figura 10. Solución errónea.

Es bastante común la respuesta de duplicar la profundidad de la piscina. Evidentemente es un fallo de atención o de comprensión del enunciado; nos han pedido el doble de superficie, no de volumen de agua.

También es bastante frecuente la respuesta de duplicar el área dejando los cuatro árboles dentro de la piscina (ver *Figura 10*). Una solución inadmisible porque se pudrirían las raices de los árboles y, además, ocasionaría problemas de seguridad física a los nadadores.

Figura 11. Solución correcta.

La solución pasa por girar el cuadrado 45°, por hacer que los árboles ocupen la mitad de los cotstados en vez de los vértices. Es sorprendente la gran cantidad de personas que se quedan bloqueadas con este simple problema y necesitan más de 5 minutos para comprender que pueden girar la figura, que no están obligados a mantener los costados nuevos paralelos a los viejos.

Este bloqueo mental de tipo geométrico se denomina *fijación ortogonal* y podemos hallarla en infinidad de ejemplos porque nuestra cultura tiene el hábito de recurrir muchísimo a las líneas rectas y a la ortogonalidad.

Ejemplo 2: Salir de la caja

Es muy conocido el problema de los 9 puntos que popularizó M. Scheerer (1972) en un artículo en el Scientific American y que John Adair aduce que inventó en 1969. Consiste en pedir un trazado de 4 segmentos rectos que, con la restricción de no levantar el lápiz del papel, pasen por 9 puntos situados en una matriz de 3 x 3 (ver *Figura 12*).

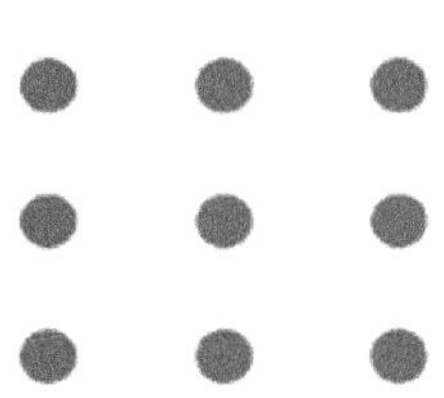

Figura 12. Matriz de 9.

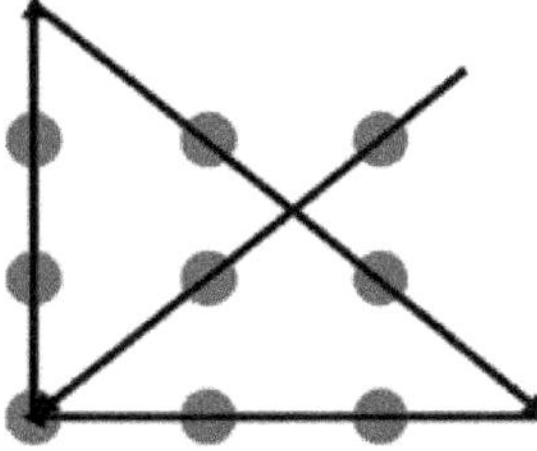

Figura 13. Solución a los 9.

Las personas que afrontan este problema por primera vez, intentan inútilmente cumplir lo pedido con líneas rectas que, de distintas maneras, se inscriben todas dentro del cuadrado que marca la matriz. La solución pasa por "salirse de la caja", es decir, vencer la fijación ortogonal (ver *Figura 13*).

Es un problema muy utilizado por todos los profesores de creatividad porque se presta a buscar soluciones imaginativas (aunque algunas de dudoso rigor). Tomar los puntos "gordos" por sus extremos; darle la vuelta a la Tierra con una línea recta que se desvía lo justo y necesario cada vez, etc. Es destacable (y rigurosa) la solución que a James L. Adams le remitió un tal Rodney W. Supple. Consiste en actuar sobre el papel con unos intrincados plegados antes de trazar una única línea que una los 9 puntos. Los interesados en el tema pueden consultar la página 42 de la edición española de Adams (1993). Es un claro exponente de cómo el pensamiento divergente puede superar a la vez la fijación ortogonal y la fijación en el plano 2D.

Ejemplo 3. Las cuatro copas

El problema consiste en distribuir cuatro copas idénticas de manera que los cuatro pies queden equidistantes.

Una mala respuesta típica es poner las cuatro copas de forma que sus pies ocupen los vértices de un cuadrado (fijación ortogonal), sin reparar, en primera instancia, que la diagonal del cuadrado es superior al lado.

Al cabo de un rato de reflexionar, es bastante frecuente que el sujeto voltee las cuatro copas y las ponga horizontales sobre la mesa (ver *Figura 14*), sin darse cuenta de que está repitiendo de nuevo la figura del cuadrado (fijación ortogonal).

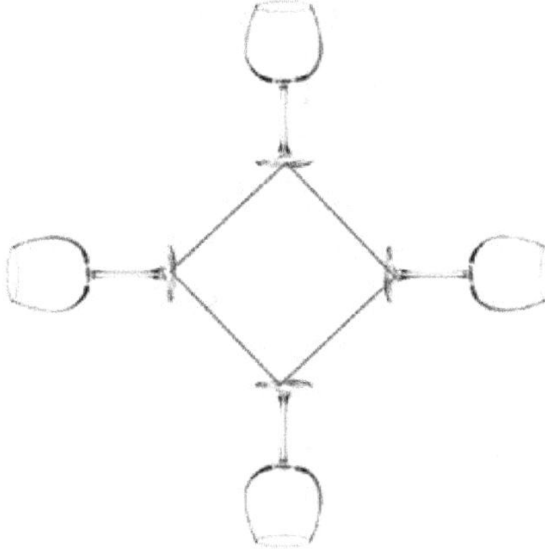

Figura 14. Solución errónea.

La solución se consigue:

a) Por vía intuitiva si nos damos cuenta de que tenemos que romper la fijación de quedarnos con figuras planas (2 D) y movernos en el espacio tridimensional (3 D).

b) Por vía racional si nos acordamos de que la figura que tiene la propiedad de tener 3 puntos equidistantes es el triángulo equilátero y que para conseguir 4 puntos equidistantes nos tenemos que ir al tetraedro (ver *Figura 15*).

Se trata de romper otro bloqueo geométrico: la fijación bidimensional.

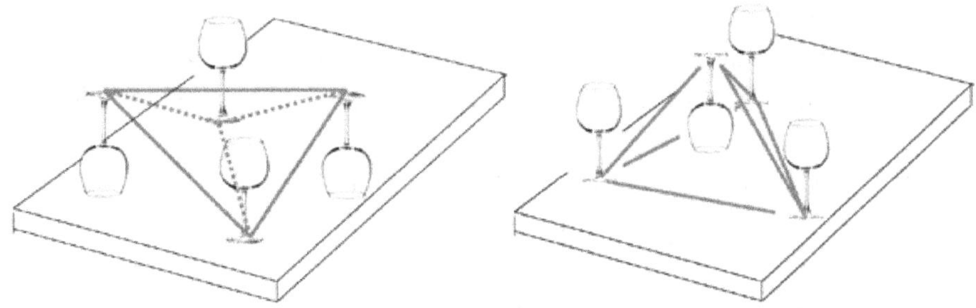

Figura 15. Dos possibles soluciones.

8.6 Superación de las barreras expresivas

Saberse expresar es fundamental para la comunicación con los demás. Pero muchos creadores cometen el error de pensar que para comunicar consigo mismo no hace falta hacer ningún esfuerzo para expresarse con claridad y precisión. "Yo ya me entiendo" puede ser la mala excusa del que no sabe explicarse ni a si mismo lo que tiene entre manos.

8.6.1 Falta de visualización del problema

El lenguaje que usamos para expresar el enunciado del problema es fundamental para ayudar al pensamiento o, por el contrario, entorpecerlo. Las frases, notaciones, símbolos, diagramas, esquemas, bocetos, tablas, figuras o cualquier otra ayuda de visualización que usemos condicionarán la flexibilidad y fluidez de nuestra mente. Los sentidos operan directamente sobre los objetos y sus propiedades físicas. La mente, en cambio, opera sobre las representaciones abstractas que de estos objetos nos hacemos; representaciones que pueden ser de carácter verbal, visual o mixto.

Un mismo objeto puede tener representaciones muy distintas. Es algo que depende mucho de cada sujeto pensante, y se ha comprobado que no todas las representaciones abstractas son igual de útiles para su manejo en la resolución de problemas. Cada representación que escogemos condiciona enormemente los procesos mentales que puede convocar a nuestra mente. No es lo mismo manejar simples palabras que imágenes visuales, diagramas, esquemas mentales, notaciones algebraicas, tablas, etc.

El objetivo de una visualización es comunicar una visión a los demás, si trabajamos en equipo, pero el primer objetivo tendría que ser ayudar al propio creador a formarse una imagen mental adecuada y precisa del problema.

El pensamiento discursivo o verbal tiene un gran prestigio pero su eficacia es baja a la hora de buscar la inspiración. La inspiración se consigue mucho mejor con lenguajes más directamente vinculados con los sentidos, especialmente los gráficos y visuales, aunque no debemos descartar los sonidos, los olores, los sabores, la temperatura y el tacto. Además, gracias a la informática tenemos poderosas herramientas para representar, gestionar y controlar imágenes y ni tan siquiera hará falta que seamos buenos dibujantes a nivel manual.

La intuición no trabaja de forma lineal y discursiva, trabaja de forma paralela, con reconocimiento de patrones y mediante asociaciones espontáneas. La representación visual de los objetos y sus relaciones ayuda mucho más a la intuición que las mejores frases que podamos redactar. Está ampliamente demostrada la utilidad de buscar representaciones visuales para estimular el flujo del pensamiento creativo. Nos conviene, pues, buscar siempre un *pensamiento visual* para complementar el pensamiento verbal basado en las palabras y su semántica.

Pensar es, a la postre, manejar abstracciones. Si nuestras herramientas de representación de los conceptos abstractos son pobres, nuestra capacidad de razonamiento también lo será. La mejor ayuda que podemos encontrar para acercarnos con mayor eficacia a la solución de un problema es una manera afortunada de visualizar y representar las entidades que lo configuran.

8.6.2 Una mala representación del problema

Si no tenemos una representación clara, concisa y manejable del problema (a ser posible visual), nuestra mente se embrollará y tendrá mayores dificultades de las necesarias para hallar las soluciones.

La superación

Robert H. McKim (1972) aconseja realizar un círculo virtuoso de tres pasos para abordar la solución de un problema o la búsqueda de una idea. Primero, percibir el problema o situación con la máxima precisión y profundidad de que seamos capaces. Segundo, dibujar una representación visual del problema (aunque no sepamos dibujar) hecha de garabatos, diagramas y esquemas que reflejen los aspectos estructurales que vemos en el problema. Tercero, combinando lo que hemos observado y lo que hemos dibujado (que, naturalmente, no coincidirán), imaginar posibles vías para abordar el problema. Nos vendrán ideas que si ya solucionan el problema finalizan el proceso, pero que, si no es así, nos permitirán descubrir algunos aspectos o matices del problema que habían sido poco o nada valorados en la primera etapa. En este caso volvemos al paso primero del proceso y lo repetimos de nuevo bajo una perspectiva más enriquecida que aumentará nuestras probabilidades de éxito. Repetiremos el ciclo tantas veces como nos haga falta hasta que las sucesivas aproximaciones nos lleven a la idea útil que buscábamos.

En la *Figura 16* hemos representado los tres pasos como tres círculos que se entrecruzan pero que no coinciden. Del conjunto sale la expresión o formulación de una posible solución. Realizamos la comprobación de si es o no la solución que buscábamos (test). Si no es una solución válida aplicamos de manera cíclica el mismo proceso.

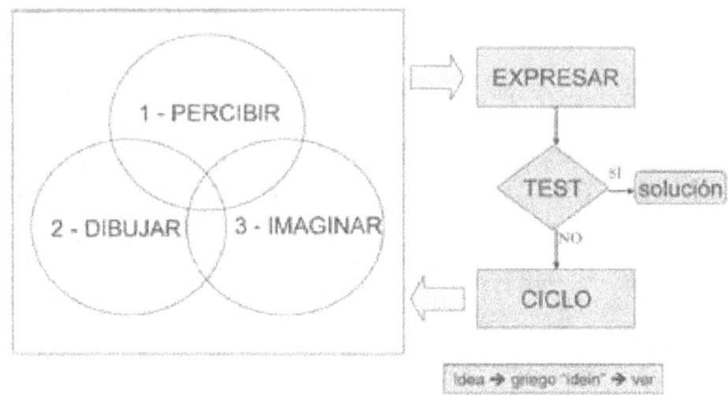

El mejor consejo que se le puede dar a un creador es que utilice al máximo toda la información sensorial que tiene a su alcance. Esto le ayudará a visualizar convenientemente el problema, y representarlo con dibujos le ayudará a visualizar las propuestas de solución. No es por casualidad que la palabra "idea" proviene del griego "idein" que significaba "visión".

Ejemplo 1. Las cuatro copas

Nos piden que coloquemos los cuatro pies de las copas de manera que cada pie esté equidistante de los otros tres. (*Ejemplo 4* del apartado 8.6.4 Bloqueos geométricos).

Si nos movemos directamente con las copas, nos falta la abstracción necesaria, cosa que nos lleva a hacer intentos moviendo físicamente las copas sin ninguna utilidad mental. Deberíamos darnos cuenta de que las copas no pintan nada en la esencia del problema, que el enunciado se puede simplificar y substituir por este otro: "Dados cuatro puntos en el espacio, ponerlos de manera que cada uno de ellos equidiste de los otros tres". Con esta nueva visualización el problema nos sitúa rápidamente a la geometría euclidiana que aprendimos de niños en la escuela y nos recuerda que el tetraedro es el lugar común de cuatro puntos equidistantes.

Esta nueva visualización nos permite darnos cuenta de que ese problema es totalmente idéntico al que tiene el siguiente enunciado: "Dados 6 palillos idénticos construir con ellos 4 triángulos equiláteros". Los palillos aquí son también prescindibles; da igual plantearlo con palillos, lápices, cerillas o lanzas bengalíes; son simples segmentos rectilíneos iguales.

Es el mismo problema. Puedo visualizar el tetraedro como 4 vértices que unen 6 rectas (problema de las copas) o como 6 rectas que unen 4 vértices (problema de los palillos).

Hay problemas que se resuelven con grandes dificultades cuando los representamos de manera verbal o algebraica y que, en cambio, son rápidamente resueltos cuando acertamos a representarlos con una herramienta visual adecuada.

Ejemplo 2. Los apretones de manos

Una antropóloga acude a una reunión social y observa que al saludarse hay gente que se dan apretones de manos y gente que no. Preguntando a los presentes cuántos apretones de manos ha dado cada persona, resulta que nadie ha dado el mismo número. Todos han dado un número distinto de apretones entre 0 (el que menos) y 8 (el que más). Sabiendo esto, ¿podemos deducir cuántos apretones de manos ha dado la antropóloga?

Podemos representar cada persona con un simple punto (o circulito) y cada apretón de manos como una línea que une dos puntos. Para ayudarnos a visualizar la situación podemos colocar las personas (sus representaciones abstractas) en un ruedo ordenado por el número de apretones (ver Figura 17). No hace falta que sea un ruedo ni que los pongamos en orden, pero nos ayudará a visualizar mejor. En el interior de cada circulito indicamos el número de veces que ha dado la mano cada persona.

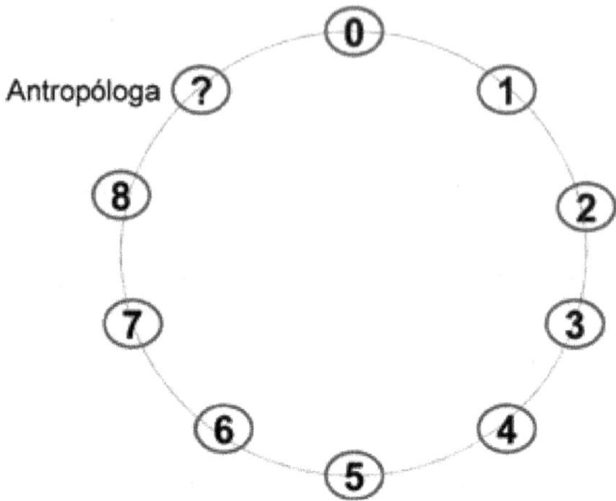

Figura 17. Distribución de los apretones de mano.

A continuación veremos la manera en que se puede cumplir lo que nos han dicho. Cada apretón de manos será una línea que une dos circulitos y cada circulito sólo podrá tener el número de líneas que indica su número. Lo lógico será empezar por colocar los apretones del que tiene más (8) porque es el más difícil de poder completar. Nos daremos cuenta de que estará obligado a juntarse con todos los circulitos excepto el (0). Con lo cuál deducimos que se dieron la mano con la antropóloga. Cuando, a continuación, dibujemos los apretones del (7), veremos que ya no puede relacionarse con el (1) porque ya está cubierto. Ello obligará a que también el (7) tenga que darle la mano a la antropóloga. Siguiendo la misma lógica con e (6) y el (5) vemos que la antropóloga recibe un total de 4 apretones y que, a partir del (5) ya todo el resto de circulitos han llegado a su punto de saturación y que todo ha encajado perfectamente con el enunciado (ver *Figura 18*).

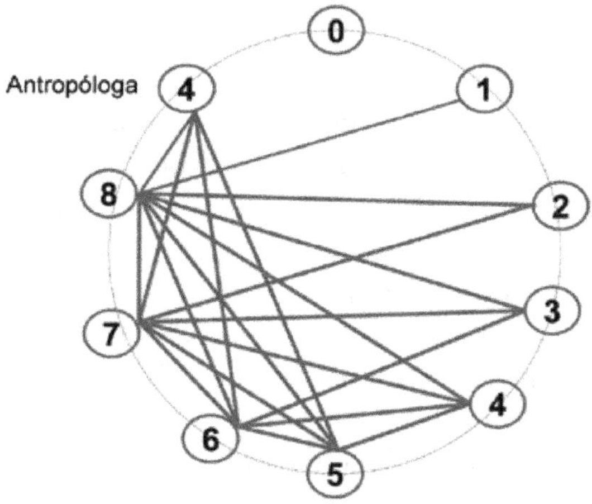

Figura 18. Solución del problema de los apretones de mano.

8.6.2 Pobreza expresiva en la solución

A veces el creador nos da la solución pero no la acompaña con la necesaria riqueza de lenguaje (artístico, científico, técnico o del tipo que sea) necesaria para que sea visualizado convenientemente por los destinatarios.

La capacidad comunicativa se basa en la buena elección del lenguaje y de las herramientas de comunicación. En Diseño se destaca siempre que la interfaz del usuario con el producto o servicio es la clave del éxito. El creador debe buscar la aceptación de su público objetivo y, para ser aceptado, primero tiene que ser comprendido. Esto no significa que el creador tenga que limitarse a usar formas expresivas ya conocidas y consagradas, significa que sus formas expresivas nuevas y revolucionarias deben tener gran capacidad comunicativa.

8.7 Superación de las barreras de tipo socio-cultural

A pesar de no desearlo, podemos haber interiorizado algunas de las malas influencias del entorno social y cultural que nos rodea. Conviene conocerlas y preguntarnos, siempre que estemos bloqueados, si no estaremos bajo una de ellas.

8.7.1 Obsesión en hallar soluciones únicas

Debido a la educación que se nos ha dado, estamos acostumbrados a manejar problemas cerrados (problemas que tienen un enunciado completo, toda la información necesaria para resolverlos y solución única), pero en el mundo real la mayoría de problemas (por no decir todos) son problemas abiertos: o no está del todo definido qué se desea hallar o es materialmente imposible disponer de toda la información necesaria. Los problemas de la vida real no tienen solución "única y perfecta", tienen muchas soluciones posibles y la creatividad, el desafío para el creador, es hallar una solución nueva y bien valorada por sus congéneres. Obsesionarse en hallar la "solución perfecta y definitiva" puede ser una barrera importante para no saber apreciar las buenas soluciones encontradas.

La superación

No perdamos de vista que una de las características fundamentales de la creatividad consiste, precisamente, en saber ofrecer multitud de alternativas. Obsesionarse en encontrar soluciones únicas y perfectas va en contra de la creatividad. Un creador debe confiar siempre en que, en un futuro, hallará la manera de mejorar sus propias creaciones.

En la enseñanza de la creatividad, el profesor tiene que dejar claro, desde el primer día, que él no tiene todas las respuestas porqué siempre hay múltiples respuestas; que él no sabe cuál es la solución perfecta porque no existen soluciones perfectas, sólo soluciones buenas, soluciones menos buenas y soluciones mejores. El alumno tiene que aprender que las calificaciones a sus trabajos tendrán siempre una parte subjetiva y provisional muy importante y que el verdadero sobresaliente o suspenso lo colocarán, si es el caso, los futuros usuarios de sus creaciones.

8.7.2 Tendencia a quedarse con la primera respuesta

A causa de una economía del esfuerzo (ley del esfuerzo mínimo) tendemos a librarnos del problema dando por válida la primera solución que nos viene a la mente y dejando de buscar alternativas. Es lo que llamamos "facilismo", la tendencia a quedarse con lo obvio.

La superación

Un creador no puede quedarse ahí, no debe limitarse nunca a la primera respuesta o la más evidente. Debe preguntarse, ¿qué pasaría en otro caso? O plantearse: eso está bien, pero ¿podría encontrar algo mejor? La búsqueda de una segunda o tercera respuesta correcta ayuda a que la creatividad se dispare y facilite la generación de más alternativas. Y esta debería ser la obligación de todo creador: proponer siempre varias alternativas.

Los equipos creativos de las agencias de publicidad a menudo trabajan primero con el enfoque obvio y lo concretan sobre el papel antes de tratar de cosechar enfoques rompedores que proporcionen una solución más creativa. Disponer inicialmente de las respuestas y soluciones más obvias aclara y libera las mentes y permite que "vuelen" en busca de ideas más innovadoras y mejores.

8.7.3 Creer que todo lo verdaderamente importane ya está inventado

Muchas personas dan por supuesto que todas las cosas que nos rodean han nacido de un proceso de creación y diseño perfecto. Piensan que, dado que todo el mundo las acepta, significa que realmente no se pueden mejorar. Atendiendo a la sofisticación de toda la maquinaria e instrumentación existente y al elevado número de investigadores, ingenieros, diseñadores e inventores que existen, creen que todo o casi todo lo que pueda valer la pena inventar ya ha sido inventado o está a punto de serlo.

La superación

Se debe partir del postulado de que todo, absolutamente todo, es susceptible de ser mejorado, precisamente porque en ninguna obra existe la perfección. A un nivel tecnológico, no podemos creer que el nivel de sofistificación a que se ha llegado es el máximo. Hay artilugios que mejorar y aún otros que inventar. Las tecnologías més incipientes tardan años (a veces décadas) en dar sus mejores aplicaciones porque la mente humana es muy lenta en la asimilación de todas las posibilidades que los saltos tecnológicos y los descubrimientos científicos aportan.

Sorprende ver la enorme cantidad de mejoras que podemos imaginar sobre las molestias cotidianas que soportamos todos los días (aunque estén basadas en tecnologías ya consolidadas) cuando ponemos a pensar sobre ellas a un grupo de treinta estudiantes de primer curso de diseño.

Hacemos mal en asumir como algo inevitable las imperfecciones, las carencias y las molestias que nos originan los objetos que nos rodean y los servicios que nos ofrece la sociedad. "Si no lo hacen mejor, será porque no se puede o porque saldría demasiado caro" es una idea preconcebida absolutamente errónea. La posibilidad de mejorar el mundo que nos rodea es prácticamente ilimitada. Sólo hace falta ponerse crítico con ello y ponerse a reflexionar un buen rato.

8.7.4 Seguir las normas al pie de la letra

Estamos inundados de normas y reglas a cumplir por todas partes. La moral está basada en reglas. La convivencia, el código de la circulación, el matrimonio, los deportes, etc. Cada profesión y cada ámbito del conocimiento humano han desarrollado también sus propios códigos de reglas.

De manera inconsciente podemos caer en el apego a ciertas costumbres, a ciertas normas que nos han dado desde la infancia y a experimentar un rechazo automático a todo lo que rompa con ellas.

La superación

Las reglas son importantes porque estandarizan, homologan y ayudan a controlar la calidad, pero ocasionalmente necesitan ser colocadas de lado y puestas en cuestión para que pensamientos e ideas fuera de lo común puedan generarse y aparecer.

Las reglas no son inamovibles, sino que son fruto de una sociedad concreta en un momento determinado. Cuando salen ideas nuevas que no caben dentro de los canales de las normas del momento, el deber del buen creador es saltárselas.

8.7.5 Autolimitarse, ponerse restricciones que no están en el enunciado

Sorprende ver hasta qué punto nos autolimitamos y asumimos restricciones y condicionantes que no están manifiestas en el enunciado. En la duda, tenemos la tendencia (adquirida por el ambiente) a pensar que "estará prohibido", "no creo que lo dejen hacer" y asumirlo sin contrastarlo con la realidad.

La superación

Frente a cualquier nuevo problema, tenemos que ir con la mentalidad de que todo aquello que no esté explícitamente prohibido está permitido. La realidad ya conlleva bastantes restricciones y condicionantes para que le añadamos otras de propina.

Ejemplo. Acarrear agua con un colador

Un concurso consiste en que todos los participantes deben llenar el cubo a su disposición en la línea de meta con el máximo de agua que puedan transportar con un colador.

No nos indican dónde hemos de ir a por agua, las bases del concurso no lo estipulan. Parece que puedo traerme mi tanque de agua particular. La única condición explícita es que debo transportar el agua al cubo mediante el colador reglamentario.

Todos los concursantes se esfuerzan en tapar los agujeros del colador con las manos y correr como locos para minimizar la pérdida de agua.

Si reflexionamos un poco, veremos que la manera de ganar este concurso es acudir a él provisto de un tanque lleno de cubitos de hielo. El hielo es agua. En estado sólido mucho más fácil de transportar con el colador, pero agua al fin al cabo.

El reglamento del concurso no lo prohíbe explícitamente.

8.7.6 Obsesionarse en el valor utilitario

Estamos en una sociedad utilitarista en la que se valoran en exceso los productos con perspectivas economicistas y se minusvalora el rol de la persona como principio y fin de toda acción productiva.

Un producto creativo debe ser considerado por su valor práctico. Esto es correcto. Pero estar obsesionado desde del principio en que nuestra creación sea útil es una manera segura de matar ideas que, en primera instancia, cuando afloran a nuestra mente no aparentan ser útiles. Sin embargo, una vez los conceptos y las relaciones nuevas están aposentadas, se demuestra que pueden ser el trampolín para una nueva idea derivada de gran valor práctico. Estar obsesionado desde del principio en que nuestra creación sea útil es una manera segura de matar ideas.

La superación

En la fase de generación de ideas, el creador debe seguir sus impulsos y su imaginación y dejar para más adelante la evaluación de la posible utilidad práctica de sus creaciones.

8.7.7 No soportar moverse en medio de ambigüedades

La ambigüedad está mal vista por la sociedad, que exige siempre posturas dicotómicas en todo: blanco o negro, masculino o femenino, izquierdas o derechas, etc.

Si el creador sólo se siente cómodo en situaciones perfectamente definidas y compartimentadas, tendrá una venda en los ojos para apreciar ideas que nacen de la fusión de los extremos.

La superación

Entre el blanco y el negro hay una gran gama de grises, entre masculino y femenino hay una gran gama de sensibilidades, etcétera. Hay que comprender que la ambigüedad es un entorno fértil para la mente creativa porque ayuda a hallar conexiones y patrones nuevos en supuestos contrarios.

8.7.8 No atreverse con temas de otros dominios

Es una limitación dar por supuesto que sólo las personas que han estudiado de manera reglada y durante años un determinado dominio de conocimiento son las únicas autorizadas para introducir cambios creativos en él. Igualmente lo es dar por sentado que nuestra ignorancia en dicho dominio nos imposibilita totalmente para que podamos tener una idea feliz en él.

La superación

Las analogías estructurales entre problemas existen y permiten que, aunque le falten conocimientos detallados que los expertos sí tienen, una mente pensante bien estructurada pueda identificar la analogía con "su" campo profesional y hacer la transferencia conceptual que proporciona la solución al problema.

Ésta es, precisamente, la principal razón de existir de los equipos multidisciplinares. Está demostrado que cada carrera proporciona modelos de pensamiento y herramientas mentales propias y distintas de las demás carreras. La aplicación de modelos a dominios distintos de sus originales proporciona visiones enriquecedoras porque se producen analogías creativas.

La historia ha demostrado que algunos grandes descubrimientos se han producido cuando alguien estaba jugando con ideas en áreas que no eran de su estricta competencia.

El experto en un dominio acumula, a menudo, un exceso de reglas y restricciones que le impiden ser creativo. El neófito, en cambio, puede tener el atrevimiento necesario para dar el salto conceptual que aporta creatividad al dominio.

Ejemplos. Inventores fuera de su dominio

- Los hermanos Wright no eran ingenieros aeronáuticos, eran mecánicos de bicicletas.
- El bolígrafo no fue inventado por un ingeniero industrial, fue inventado por el corrector de pruebas de imprenta Ladislao Biro.
- Los mayores avances en los submarinos fueron inventados por un sacerdote inglés, G. W. Garrett, y un maestro de escuela irlandés, John P. Holland.
- La desmotadora de algodón fue inventada por el abogado Eli Whitney.
- El extintor de incendios es un invento del capitán de milicia George Manby.
- Y así, muchos más.

En pocas palabras, una buena mente con una actitud positiva y algunas buenas habilidades para resolver problemas dan la capacidad básica para afrontar la solución de cualquier problema. Se completará sabiendo preguntar (y escuchar) a los que son expertos en la materia, por supuesto, aunque sin olvidar que corren el riesgo de caer en el exceso de confianza que dan el hábito y el exceso de familiaridad.

8.7.9 No comprender el funcionamiento del propio cerebro

Las percepciones nos estimulan los instintos. Los instintos provocan emociones. Las emociones y las vivencias son la guía para el funcionamiento de la intuición. La mente racional complementa y apoya o corrige las intuiciones pero tiene fuertes tendencias a caer en desviaciones, errores e ilusiones de control.

La parte prefrontal del cerebro gobierna la coordinación de todas las capacidades mentales y es la base de la capacidad de planificación. En el proceso creativo todas las potencias mentales contribuyen y se entremezclan, a veces en concordancia, otras veces en conflicto (ver Capítulo 9). Si el creador tiene una imagen monobloque de su cerebro, manejará mal las fuerzas mentales enfrentadas y, al no dominarlas, perderá eficacia en su creatividad.

La superación

Consiste en estudiar el funcionamiento del cerebro, que es la herramienta más importante que posee el creador. Existen magníficos textos de divulgación elaborados por los más prestigiosos científicos del tema que vale la pena leer.

A pesar de las muchas incógnitas que quedan todavía por resolver, las Neurociencias han hecho notables progresos en las últimas décadas. Son progresos que no han llegado todavía al sistema educativo actual de las sociedades occidentales.

En la educación actual se incide, tan sólo, en la capacidad de memoria, en la capacidad analítica y lógica, en la capacidad de razonamiento deductivo e inductivo. Se dejan de lado las estrategias mentales de resolución de problemas, el procesamiento de problemas abiertos, las capacidades instintivas, emocionales e intuitivas, las estrategias creativas, la capacidad de planificación y de realización de proyectos.

8.7.10 Tabúes y convenciones sociales

Las creencias religiosas o morales y la buena educación nos hacen interiorizar una serie de prohibiciones implícitas de las que raramente tomamos conciencia y que, en consecuencia, pueden actuar como fuertes frenos a nuestra creatividad. "Queda muy feo hacer eso", "queda fatal decir aquello".

La superación

En los últimos decenios las mujeres de la cultura occidental han roto muchos de los tabúes establecidos en contra de ellas: ahora llevan pantalones, fuman y toman alcohol en público, montan motos de gran cilindrada, participan en deportes de riesgo, trabajan en igualdad con los hombres, se visten con libertad, manifiestan libremente sus gustos y apetencias sexuales, ocupan cargos directivos, etc.

Otro grupo que ha cambiado es la gente de la tercera edad. Han dejado de esconderse en el cuarto oscuro de la familia y viven con naturalidad amores otoñales, viajes de placer, cultivo del cuerpo y la salud, etc.

El creador debe analizar qué cosas le limitan por tabúes de la educación recibida. Y, por supuesto, darse el placer de quebrantarlos. Un buen ejemplo de cómo los tabúes sociales nos impiden ver ciertas soluciones lo tomamos prestado (y abreviado) de James L. Adams (1993).

Ejemplo: La pelota de ping-pong.

Si en una habitación completamente vacía (sin ningún objeto ni herramienta) tengo un tubo cilíndrico de acero vertical de 50 cm de alto empotrado de manera inamovible en el suelo y que tiene el diámetro sólo ligeramente superior a una pelota de ping-pong, ¿cómo me las compondré para lograr sacar de su fondo la pelota de ping-pong?

La gran mayoría de personas dirán que es imposible. Un porcentaje realmente bajo de personas dará con la solución: orinado en el interior del tubo lograremos que la pelota ascienda y podamos cogerla. Pero en nuestra sociedad orinar debe hacerse únicamente en el WC.

8.7.11 Creer que siempre hay que emplear tecnologías avanzadas

El prejuicio de que siempre habrá que recurrir a las más modernas (y costosas) tecnologías inhibe la capacidad creativa de hallar ideas felices sobre cómo utilizar los recursos habituales de presencia cotidiana.

La superación

Vale la pena preguntarse siempre si la solución tecnológica que estamos aplicando no se podría simplificar con una tecnología más consabida y habitual.

Ejemplo 1: Paquetes rotos

Un porcentaje elevado de paquetes postales llegaban a sus destinatarios completamente destrozados. Podemos plantear usar un nuevo material para envolver los paquetes postales que sea fuerte e irrompible (y más caro que el actual papel de embalaje); podemos inventar una sofisticada máquina especial que maneje los paquetes y los clasifique sin dañarlos.

Pero si cambiamos de dirección y observamos por qué los paquetes se destrozan, veremos que los empleados de correos los amontonan en pilas demasiado altas o los echan al batiburrillo al interior de grandes cestos. Una solución simple y barata al problema será disponer de estanterías de clasificación. Al repartir los paquetes en estanterías, estarán en posición horizontal, en pilas de poca altura y sufrirán pocos roces. Es la solución que han adoptado las empresas de mensajeros.

Ejemplo 2: Paraguas mojados

En un edificio público, cuando llueve intensamente y la gente viene con su paraguas mojado, nos conviene una solución para que la gente conserve consigo el paraguas sin que vayan esparciendo agua por las instalaciones.

La petición parece razonable. Montar un sistema de guarda-paraguas es complicado y requiere personal dedicado. Instalar largas filas de paragüeros para que cada quién "aparque" su paraguas en el vestíbulo no es mala solución, aunque la gente acabará reclamando confusiones, robos y olvidos de paraguas.

La tentación es inventar una máquina que a la entrada del público sople un potente chorro de aire caliente al paraguas y expulse toda el agua que lleva adherida. Pero bastaría con disponer de fundas de plástico para que cada persona introduzca su paraguas mojado en ellas y la acarree consigo sin mojar nada. Podemos aprovechar para imprimir publicidad de nuestra marca o institución en la funda. O, quizás, la marca de algún proveedor que cubra los costes de las fundas.

Capítulo 9

Conflictos entre percepción y razonamiento

"Parece un absurdo y, sin embargo es una verdad, que no siendo nada todo lo real, no hay en el mundo nada de real ni de sustancial más que las ilusiones."

Giacomo Leopardi
Poeta del romanticismo italiano

A veces no hay coherencia entre lo que nos aportan nuestros sentidos y lo que nos dicta la lógica; la percepción nos dice una cosa y la razón otra. En estos casos hay que resolver convenientemente el conflicto: o nos engañan los sentidos o nos engaña nuestro razonamiento.

¿Cómo podemos arbitrar el conflicto? Recurriendo a la capacidad más evolucionada del cerebro que, según los neurocientíficos, está ubicada en los lóbulos prefrontales y gobierna la coordinación entre las distintas capacidades mentales. Habrá que planificar un análisis correcto y contrastado del mensaje aportado por los sentidos (mente intuitiva) versus el mensaje aportado por la mente racional. Los lóbulos prefrontales nos ayudarán a dilucidar si estaba en lo cierto nuestra mente racional o nuestra mente instintiva.

9.1 Ilusiones perceptivas

A veces los sentidos nos engañan, nos dan mensajes que no corresponden plenamente con la realidad. Son lo que la Psicología Cognitiva denomina *ilusiones perceptivas*.

En contra de lo que muchas personas mal informadas creen, las percepciones humanas no son nunca una reproducción de la realidad exacta e independiente de cualquier referencia o contexto. Son siempre, por el contrario, la construcción de una nueva realidad en la mente del individuo (llamada *sensación*) a partir de las señales captadas por los órganos sensoriales que han sido almacenadas en zonas específicas del cerebro. La construcción de la sensación se efectúa mediante procedimientos psico-biológicos automáticos e inconscientes (*heurísticos de la percepción*) cuyo funcionamiento está fuertemente condicionado por el contexto. Que eso es así lo demuestra, por ejemplo, el hecho de que existen invidentes que tienen perfectamente sanos los órganos de la visión pero una lesión cerebral les impide construir la percepción de las imágenes que los ojos captan.

Es evidente que cuando el conflicto proviene de una ilusión perceptiva, tendrá que resolverse a favor de la mente racional.

9.1.1 Dependencia de la referencia

Si tenemos tres cubos de agua a diferentes temperaturas (caliente, tibia y fría) y metemos la mano durante cinco minutos en el agua caliente, cuando la saquemos y la pongamos en el agua tibia la encontraremos fría. En cambio, si al mismo tiempo metemos la otra mano cinco minutos en el agua fría y luego la pasamos al agua tibia, la encontraremos caliente. Una percepción, cualquier percepción humana, depende pues del punto de referencia en el que nos basamos.

Puesto que estamos usando el libro impreso como medio de comunicación, nos centraremos principalmente en las *ilusiones visuales*. Pero el lector puede extrapolar consideraciones parecidas a cualquier otro tipo de percepción sensorial.

Existe una larga lista de ilusiones visuales de muy diverso tipo. En este texto nos limitaremos, a modo de ejemplo, a mencionar algunas de las más habituales.

Si el lector quiere profundizar sus conocimientos sobre este tema, puede consultar diversas webs especializadas. Las hay de muy rigurosas y científicas que explican las causas de las distintas ilusiones, como la realizada por el Laboratorio de Percepción de la Facultad de Psicología de la Universidad Autónoma de Barcelona. Pero si el lector busca una visión amplia y exhaustiva del fenómeno, puede visitar http://www.ilusionario.es/ realizada y mantenida por Juan Luis Roldán Calzado, profesor de Matemáticas de secundaria y gran aficionado al mundo de las ilusiones ópticas.

9.1.2 Falta de precisión en la percepción del paralelismo.

Observemos las *Figuras 19* y *20* siguientes. ¿Percibimos que las rectas horizontales y verticales son paralelas?

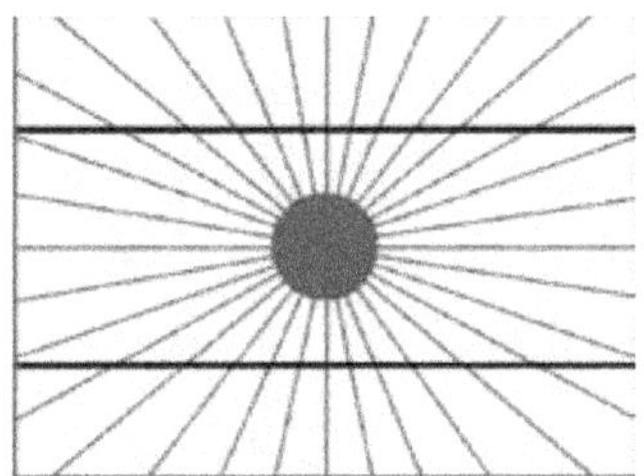

Figura 19. Falsa curvatura.

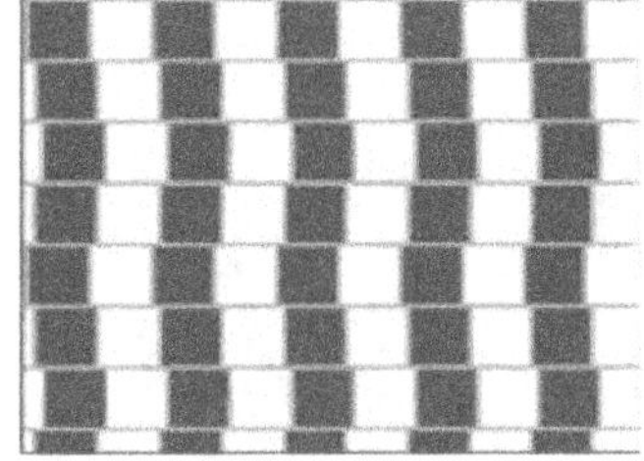

Figura 20. Falsa curvatura.

En la *Figura 19* las rectas horizontales nos parece que están ligeramente curvadas. En la Figura 18 las rectas horizontales parecen irregulares, en forma de zigzag, y en ningún caso paralelas entre sí. Sabemos, sin embargo, y lo podemos comprobar con un juego de escuadras, que son perfectamente rectas y paralelas en ambos casos aunque a nuestra primera mirada le cueste apreciarlo así.

9.1.3 Falta de precisión en las distancias

En la *Figura 20* ¿es el segmento CA de igual longitud que el segmento CB? Nuestros ojos nos dicen que no y, sin embargo, son perfectamente iguales. La ilusión de que CA es mayor que CB es creada por la heurística visual que usamos para representar proyecciones de perspectivas 3D en dibujos 2D. Inconscientemente aplicamos la visualización de que se trata de una perspectiva de la visión de un plano inclinado. Estamos habituados a interpretar imágenes de tres dimensiones fotografiadas o dibujadas en dos dimensiones y lo hacemos automáticamente aunque aquí no toque.

En la *Figura 21* el segmento de trazo grueso de la izquierda se ve mucho menor que el segmento de trazo grueso de la derecha, a pesar de que son idénticos. Es el mismo efecto de perspectiva automática 3D aplicada sobre un dibujo 2D, más notorio todavía en este caso.

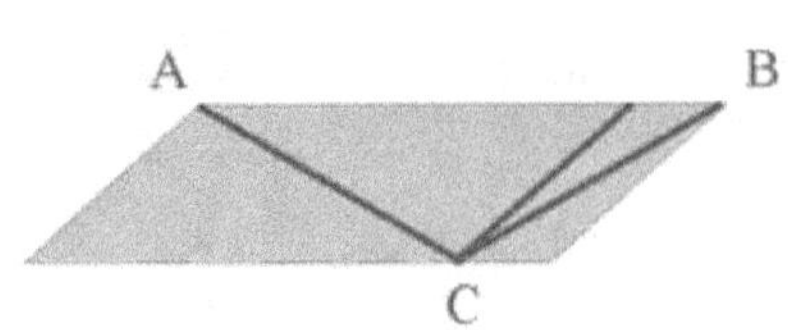

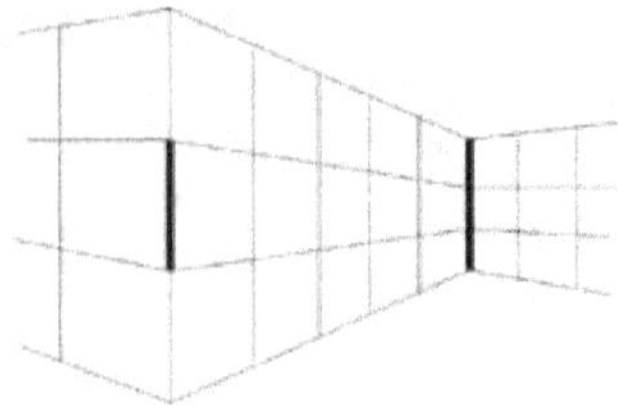

Figura 21. ¿AC mayor que CB?　　　　Figura 22. ¿Son iguales?

9.1.4 Objetos imposibles

Precisamente las convenciones utilizadas para representar objetos tridimensionales (3D) en el plano (2D) nos pueden llevar a dibujar objetos absurdos, de existencia imposible en el mundo real, como los que podemos observar en las Figuras 23 y 24. En la Figura 23, las tres varillas parecen tomar cuerpo según como se mire el dibujo, pero no podemos contemporizar la existencia simultánea de las tres. En la Figura 24, tenemos la escalera "mágica" de Roger Penrose. Si vamos de derecha a izquierda no dejamos nunca de subir escalones, dando "eternamente" vueltas "hacia arriba". Si vamos en sentido contrario, daremos vueltas infinitas "bajando" a pesar de pasar siempre por los mismos puntos.

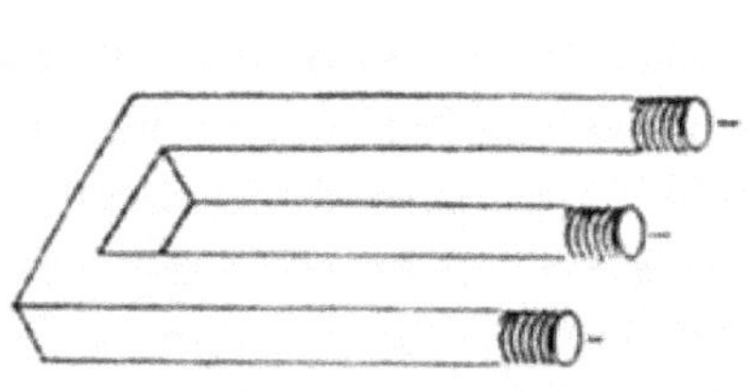

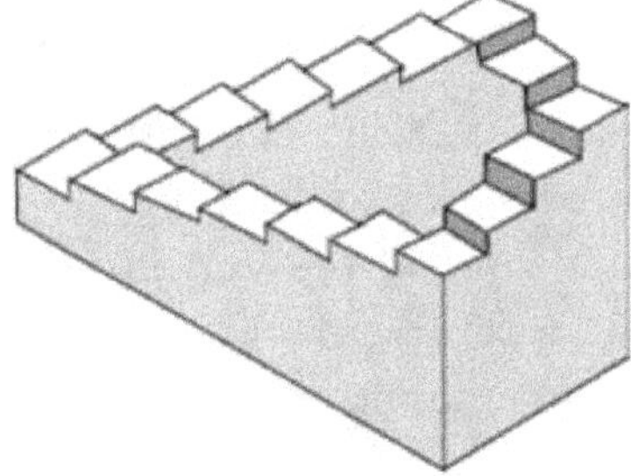

Figura 23. ¿Dos o tres varillas?　　　　Figura 24. Una escalera sin fin.

9.1.5 Generación de figuras que no existen

Figura 25. Liándola.   Figura 26. ¿Cuántos triángulos?

Si observamos la *Figura 25*, veremos una cara con trazo blanco sobre fondo negro. En realidad no es más que la palabra "liar", que en inglés significa "embustero" y en español es un verbo sinónimo de embrollar.

Si observamos la *Figura 26*, vemos inevitablemente un triángulo blanco, delimitado por los tres vértices entre arcos negros, y otro triángulo blanco invertido, delimitado por los tres vértices en ángulos grises. Pero "sabemos" que no existe en el dibujo ningún triángulo. Nuestra mente los extrapola y representa, pero los triángulos sólo existen como una ilusión visual.

9.2 Ilusiones cognitivas

Ya hemos hablado en el capítulo anterior de las *ilusiones cognitivas*, los errores, desviaciones e ilusiones de control que Kahneman y Tversky pusieron en evidencia en sus trabajos de investigación que, por cierto, fueron premiados con el Nobel en 2002. Son casos claros en los que el conflicto lo genera una contaminación de la mente racional por la mente emocional. Estos fallos cognitivos, auténticas trampas mentales, pueden desviar o bloquear nuestras creaciones, pueden ser barreras a superar. En el capítulo 10 expondremos cómo.

9.3 Alertas instintivas y emocionales

Existen en la vida cotidiana gran cantidad de ocasiones en las que el instinto o las emociones nos advierten de que nuestro análisis racional podría no estar en lo cierto. Las partes de cerebro instintivas, emocionales e intuitivas (más antiguas en la evolución) tienen una velocidad de respuesta muy superior a la de la mente racional y no tienen más remedio que guardar sus mensajes en las memorias inconscientes cuando encuentran que la atención y la conciencia están ocupadas siguiendo un proceso analítico. Como consecuencia de ello, pasa a veces que la mente analítica se lleva un mensaje que está en contradicción con lo que han grabado en el inconsciente cognitivo las capas más primitivas (y más rápidas) del cerebro.

La recomendación es no dejar pasar estas alertas sin proceder a un contraste de informaciones para solucionar el conflicto.

Ejemplo 1: Algo huele mal… en tu trabajo

Has tenido una reunión de trabajo con tu superior y todo ha ido muy bien, te ha felicitado por el éxito de tu último proyecto y ha estado muy amable contigo. Sin embargo, te sientes profundamente inquieto y tu mente emocional te dice que algo va mal.

Analiza con calma todo el desarrollo de la reunión. Recuerda que la comunicación no verbal es más significativa que la verbal. Probablemente descubras que ha habido un gesto despectivo o una mueca corta pero significativa en la cara de tu superior. O una frase dicha con tono amable pero que tiene un significado muy negativo contra tu trabajo.

Podría ser una paranoia (te engañan tus emociones) pero si al repasar los detalles del encuentro hallas este tipo de señales, tendrás que darle la razón a tu mente emocional.

Ejemplo 2: Una intranquilidad sin causa aparente

Acabas de realizar una prueba piloto y todos los resultados medidos han estado dentro de lo esperado. Racionalmente deberías estar satisfecho y, sin embargo, te sientes fuertemente intranquilo, sin explicación aparente.

Analiza con calma todo lo que has percibido en el transcurso de la prueba. Probablemente descubras que has notado algo que no estaba contemplado en el diseño original de tu experimento y temes que pueda dar al traste con todo. Cuando tengas claro qué te ha puesto en guardia instintiva, analiza con tu mente racional si es un temor infundado o si hay que replantear a fondo todo el diseño.

Capítulo 10
Estrategias mentales para la creatividad

"Si no sabes lo que buscas,
no entenderás lo que encuentres."

Sabiduría popular

Disponemos de *estrategias mentales* para acercarnos a un mejor conocimiento de los objetos, las situaciones y los problemas; para que la comprensión de lo que nos rodea sea mayor. Las estrategias no tratan de buscar el qué; tratan de hallar el porqué. La mayoría de las estrategias mentales han sido desarrolladas para la resolución de problemas. Las hay que están enfocadas a hacer más eficaz la fase de "transpiración" y las hay que están enfocadas a propiciar que surja la "inspiración". Son distintos enfoques conceptuales para ayudar a la búsqueda de soluciones. Evidentemente, ambos tipos de estrategias son igualmente útiles para el proceso creativo.

Nos limitaremos a exponer las estrategias mentales más utilizadas en el proceso creativo, pero con la recomendación al lector de que procure conocer más a fondo otras estrategias mentales que también le pueden servir para la resolución de problemas en Guilera (2006) o Adams (1993).

Combinando las estrategias mentales se han estructurado diversas *técnicas creativas* para aplicar en la búsqueda de soluciones originales a los problemas de una manera ordenada y con fases o etapas bien definidas. El objetivo de dichas técnicas es siempre el mismo: la ideación, la generación de propuestas originales de soluciones al problema planteado.

Disponemos, asimismo, de diversos *métodos de ayuda a la creatividad* para estructurar y organizar la aplicación de diversas técnicas creativas de forma que se garantice la culminación del proceso creativo (ver capítulo 3). Los métodos, inventados en su mayoría por empresas consultoras, son el marco organizativo donde se aplican las técnicas y pretenden estructurar y guiar la globalidad del proceso creativo para facilitar la fluidez mental y aumentar la eficacia en la selección y elaboración de las mejores propuestas generadas mediante las técnicas creativas. Algunos de los métodos son muy completos y bien reglados y disponen de manuales de instrucciones extensos y bien documentados, otros son de formato mucho más libre y se limitan a dar directrices para canalizar el proceso creativo. Muchos de ellos proceden de adaptaciones o transformaciones de otros más genuinos (ya hemos dicho que copiar e imitar puede ser un recurso para la creatividad).

Como vemos en la *Figura 27*, una misma estrategia mental puede ser utilizada por distintas técnicas creativas; una misma técnica creativa, a su vez, puede formar parte de distintos métodos estructurados de ayuda al proceso creativo.

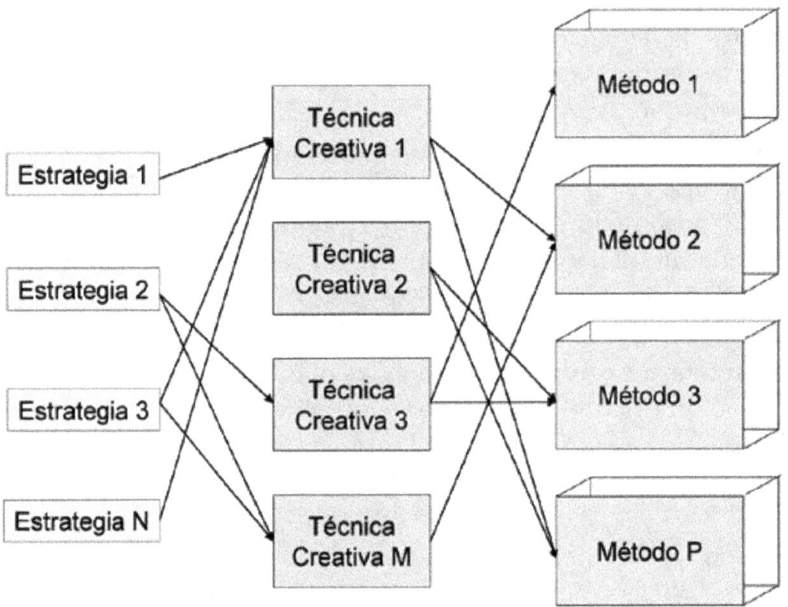

Figura 27. Estrategia mentales, técnicas y métodos creativos.

10.1 Las estrategias mentales básicas

Las estrategias mentales más fundamentales para buscar la solución de un problema apenas son una docena. Se pueden aplicar juntas o por separado y la primera de ellas, la suspensión del juicio, es absolutamente recomendable que se aplique de manera transversal junto a cualquier otra estrategia.

¿Cómo se sabe qué estrategia será mejor aplicar en cada caso? Con la práctica. Haciendo un símil, las estrategias que vamos a presentar son como una caja de herramientas para hacer bricolaje. ¿Cómo sabemos en cada momento qué herramienta tenemos que usar? La respuesta es simple: juntando el conocimiento profundo de cada herramienta con la observación del material que tenemos entre manos. Lo dicho: la práctica.

10.1.1 Suspensión del juicio (juicio diferido, carta blanca a la imaginación)

Muchas de las técnicas desarrolladas para la generación de ideas aplican la estrategia básica de dar carta blanca a la imaginación y suspender provisionalmente el juicio crítico. Es una estrategia que planteó originalmente Osborn (1953) para su método de Brainstrormig. Se basa en el cumplimiento estricto de cuatro reglas:

1. *Suspender el juicio*, hasta la etapa de evaluación crítica (juicio diferido). Toda crítica está absolutamente prohibida durante la fase de producción de ideas. Se reciben todas las propuestas sin el más mínimo comentario, por estúpidas o improcedentes que puedan parecer, para no inhibir las posibles asociaciones que puedan estimular. Cuando brotan las ideas no se permite ningún comentario de ningún tipo. Sólo preguntas neutras para aclarar el significado exacto y el ámbito de la propuesta. Se anotan todas las ideas y su evaluación crítica se reserva para después. Se pospone el juicio (tanto si es adverso como si es favorable). Como nos han educado para ser instantáneamente analíticos, prácticos y pensar tan sólo de manera convergente, esta regla resulta difícil de seguir las primeras veces, pero es crucial. Crear y juzgar al mismo tiempo es como echar agua caliente y fría en el mismo cubo.

2. *Pensar libremente*. Se trata de crear un clima de carta blanca a la imaginación. Es muy importante la libertad total de emisión de ideas, la ausencia total de autoritarismos, censuras o filtros supuestamente canalizadores. Toda idea es potencialmente útil. Los pensamientos salvajes son bienvenidos. Las ideas imposibles o inimaginables también. De hecho, es conveniente que en cada sesión haya alguna propuesta suficientemente disparatada puesto que las mejores soluciones a menudo nacen de otras impracticables o imposibles.

Permitiéndonos pensar fuera de los límites de lo habitual, de lo normal, pueden surgir soluciones nuevas y geniales. Cuanta más energía mental contenga una idea, mejores pueden ser los resultados finales; pensemos que siempre resulta más fácil perfeccionar una idea que emitir una nueva.

3. *Buscar la cantidad máxima posible.* Es importante concentrarse en generar el mayor número posible de propuestas. La cantidad es, en este caso, una vía para conseguir la calidad. Cuanto más grande sea el número de ideas, más fácil será poder escoger entre ellas. Hay dos razones que nos aconsejan buscar la cantidad: primera, las ideas obvias, habituales, gastadas, impracticables suelen ser las que vienen en seguida a la mente, de forma que es bastante probable que las primeras 20 o 25 ideas no sean ni frescas ni creativas. Segunda, cuanto más larga sea la lista, más posibilidades tendremos de escoger, adaptar o combinar. En algunas sesiones, se fija el objetivo de conseguir un número determinado de ideas, del orden de 50 o 100.

4. *Buscar el efecto multiplicador.* Se fomenta la adaptación y las mejoras de las ideas aportadas, así como la combinación de dos o más en una sola. Los miembros del grupo no deben limitarse a aportar las ideas propias, conviene que también sugieran mejoras de las ideas de los demás o que propongan síntesis de dos o más ideas. ¿Qué tiene de aprovechable la más disparatada de las ideas que se han dado? ¿Qué se puede hacer para mejorarla o para hacerla aún más salvaje? A veces, cambiar un simple elemento de una solución impracticable la puede convertir en una gran solución.

10.1.2 Pensamiento metafórico

La estrategia del pensamiento metafórico consiste en unir un concepto desconocido o poco conocido con otro familiar o mejor conocido con el propósito de ayudar a la comprensión del primero.

Es necesario que existan relaciones de similitud entre ambos conceptos, pero puede ser una similitud de carácter totalmente abstracto, por ejemplo que tengan la misma estructura o que se comporten de la misma manera en algunos aspectos muy concretos.

El objetivo principal de la estrategia metafórica es ayudar a profundizar el conocimiento sobre las cosas, pero tiene también aplicación para ayudar a la generación de ideas originales para la resolución de un problema. La creación de conocimiento ha recurrido siempre a la creación y exploración de metáforas. Si aceptamos el principio de que todas las cosas están conectadas, tiene sentido buscar conexiones entre cosas que en principio parecen no tener ninguna relación.

Para generar una metáfora hay que atenerse a dos grandes preguntas:

1. ¿Qué otra cosa me recuerda que se le parezca?
Las similitudes nos ayudan a comprender mejor el objeto poco conocido. Mirando con mayor profundidad el primer objeto y extendiendo al segundo el resultado de mi observación puedo avanzar en el conocimiento de este nuevo objeto.

2. ¿Con qué otra cosa no hay que confundirla?
Destacar las diferencias con algo que tenga alguna similitud superficial es una manera poco conocida de enriquecer la comprensión del objeto. Si vamos más allá y recurrimos a la negación, también delimitamos el concepto.

Ejemplo 1. La metáfora de la computadora

Una metáfora que en Psicología dio mucho de sí a partir de los años 70 fue comparar el funcionamiento del cerebro humano con una computadora digital: ambos son sistemas de procesamiento de la información; ambos disponen de memoria para almacenar datos y procedimientos; ambos tienen dispositivos de entrada y salida de información; etc.

Cómo todas las metáforas, extenderla en exceso llevó a algunos planteamientos erróneos sobre el funcionamiento cognitivo del cerebro; pero la posterior clarificación de las diferencias existentes ayudó aún más en la comprensión del cerebro humano. Y de rebote dio ideas nuevas sobre cómo podíamos fabricar computadoras más potentes.

Los primeros ordenadores (en los años 70) funcionaban linealmente, es decir, que no empezaban una acción hasta que no habían terminado la anterior. Aplicando la metáfora, la psicología cognitiva pensó que el cerebro humano funcionaba igual. Esta manera de proceder atascó las investigaciones psicológicas, que pudieron avanzar cuando se superó la metáfora y se vio que el cerebro realizaba muchas acciones en paralelo. Esta segunda metáfora se aplicó para mejorar los ordenadores, que ahora son capaces de procesar muchas cosas a la vez.

Ejemplo 2. Una bombilla eléctrica

Si quiero explicar a un indígena de la Amazonia qué es una bombilla eléctrica, podría recurrir a una vela (hace luz), un globo (vacío por dentro), un huevo (frágil), etc. Cada uno de estos pensamientos profundizaría su comprensión (y la mía) sobre la bombilla.

Le podría añadir que no hay que confundir una bombilla con una manzana.

- Las manzanas tienen color; las bombillas, no.
- Las manzanas son frutas y crecen en los árboles; las bombillas se fabrican por la mano del hombre.
- Las manzanas se comen; las bombillas, no.
  Por otro lado, las disimilitudes pueden utilizarse para estimular la generación de ideas originales.
- Podemos darle color a las bombillas coloreando el cristal de las mismas.
- ¿Podemos hacer que las bombillas crezcan en los árboles? No, pero surge la idea de montar fabulosos árboles de Navidad con profusión de bombillas que los iluminen.
- ¿Podemos hacer bombillas comestibles? Surge la idea de buñuelos de viento y la idea de presentar un plato con iluminación especial.

10.1.3 Analogías (transferencia conceptual)

Consiste en resolver un problema mediante su similitud estructural con problemas ya resueltos en otros dominios de conocimiento: en vez de atacar el problema de frente se compara con situaciones que tienen algo en común y se buscan estructuras similares. Comprendiendo cómo funciona la solución en el primer problema, se trata de hacer la transferencia de pensamiento al segundo. De esta manera, un problema empresarial lo intentamos resolver buscando algún problema análogo en otras disciplinas: en la biología, en la historia, en un deporte colectivo...

William J. J. Gordon, creador de la Sinéctica (método creativo basado en el uso de las analogías) insistía en que "se trata de poner en paralelo mediante este mecanismo unos hechos, unos conocimientos o unas disciplinas distintas".

La analogía estructural es un proceso mental que requiere gran capacidad de abstracción. Y de gran poder creativo. Saber percibir que dos problemas planteados en dos dominios de conocimiento totalmente dispares poseen la misma estructura conceptual y que, por lo tanto, se puede transferir el mismo tipo de solución, no es nada trivial (ver *Ejemplo 4*).

Ejemplo 1. Los patines de ruedas

Los primeros patines para suelo se basaron para su diseño en la analogía con un coche y por eso tenían dos ejes de ruedas. Los actuales patines en línea, de ruedas en fila, se han basado en la analogía con las motos u (otra manera de verlo) en analogía con los patines de hielo.

Ejemplo 2. El interior de los automóviles

Los diseños de interiores de los modernos automóviles se han basado en la analogía con el interior de una casa. Los asientos se basan en la analogía con el sofá de la sala de estar. El aire acondicionado, la alarma, los techos solares, la luz en el techo, y otros muchos detalles son creados con analogía a las casas.

Ejemplo 3. De los automóviles a las casas

Se han revertido, por analogía inversa, diseños pensados para los automóviles a las casas. El cierre centralizado y a distancia, el círculo de luz alrededor del contacto, la apertura/cierre de luz vinculado a apertura/cierre de la puerta, etc.

Ejemplo 4. La bomba de cobalto

El diseño de la bomba de cobalto (cilindro hueco que puede programar la irradiación desde la circunferencia interior de manera concentrada sobre el tumor a eliminar) se basó en un símil militar de asalto a una fortaleza rodeada de minas explosivas.

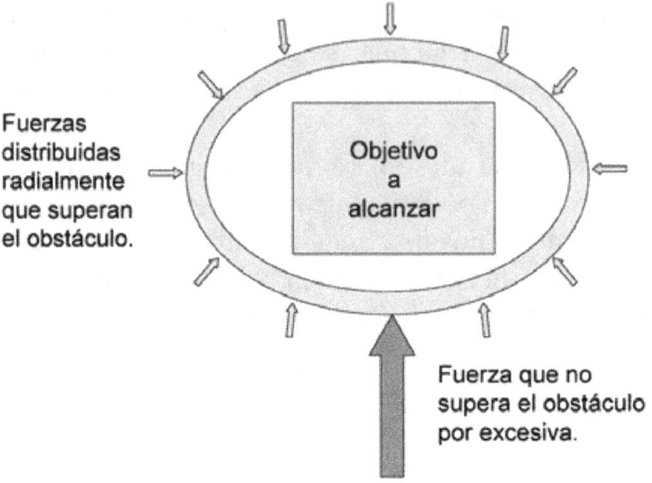

Figura 28. Estructura análoga de los dos problemas.

Si los soldados atacan concentrados sobre una única línea, las minas explosionan y los matan; si los soldados se dividen en pelotones de poco peso distribuidos a todo lo largo de la circunferencia de minas, pueden superar el obstáculo y la suma de todos ellos sobre la fortaleza permite la victoria.

Ambos problemas tienen la misma estructura abstracta de la *Figura 28*. (Estructura que también tienen otros muchos problemas de todos los dominios).

Ejemplo 5. Cordones y botones

Si los abrigos se cierran con botones y los zapatos con cordones,
¿qué nos impide cerrar abrigos con cordones o zapatos con botones?

Ejemplo 6. Del avión al restaurante

Cuando en el avión necesito la asistencia de una azafata, si no la tengo cerca, me basta con pulsar un botón para mandarle un aviso sonoro y visual (se queda encendida una luz encima de un asiento).

Podríamos transferir el mismo sistema a los restaurantes. Un botón en la mesa manda una señal electrónica al camarero que corresponda y deja una lucecita encendida para que quede constancia visual de quienes han requerido la atención del camarero. Este sistema acabaría con estentóreas llamadas que molestan tanto a clientes como a camareros y daría control visual inmediato al maître y/o al dueño del restaurante de cómo se están atendiendo las mesas.

10.1.4 Eliminación de alternativas

Usando el pensamiento metafórico podemos afirmar que resolver un problema es hallar la(s) salida(s) de un laberinto. Estamos perdidos y tenemos diferentes caminos enfrente. La mayoría de ellos no conducen a la salida, pero nada nos permite distinguir a priori cuáles son los caminos válidos y cuáles llevan a un callejón sin salida.

La única manera de afrontar la resolución del laberinto desde dentro es ensayar ordenadamente los caminos que se nos ofrecen a cada paso. Cuando el camino escogido no lleva a la salida deseada, un pesimista dirá "hemos fracasado". Un creador pragmático y bien entrenado dirá "ya estamos más cerca de la solución. Si teníamos N alternativas a explorar, ya sólo nos queda N-1".

Ejemplo 1. La perseverancia de Edison

En el capítulo 3 hemos mencionado que Edison tuvo que realizar casi 1,800 pruebas de filamentos distintos para su lámpara de incandescencia hasta encontrar lo que buscaba.

Edison sabía que cada camino frustrado le acercaba un poco más a la solución.

Ejemplo 2. El problema de los once clavos

Dado un clavo fijo y estable en un soporte vertical, lograr que, sin usar ningún otro elemento extra, los diez clavos restantes se sostengan en equilibrio estable sobre la cabeza del primero.

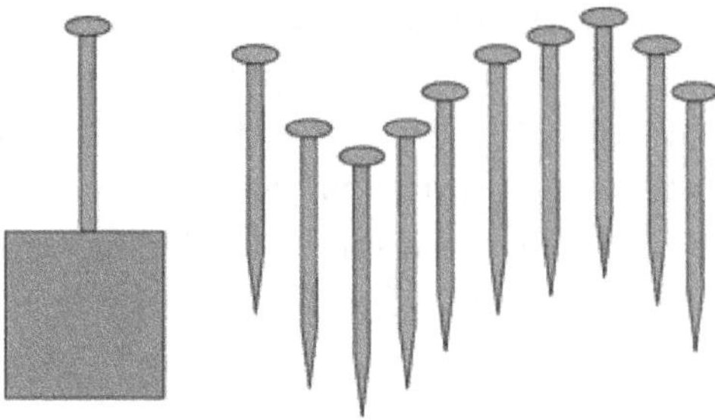

La primera reacción es pensar que es imposible. La alternativa de sostener los 10 clavos en vertical, uno encima de otro, es materialmente imposible (apenas lograremos hacer equilibrio inestable con un solo clavo). La alternativa de sostenerlos en horizontal tiene el mismo desenlace: con serias dificultades lograremos que se sostenga un único clavo y nos resultará imposible sostener un segundo clavo encima.

Los pesimistas tirarán la toalla. Un creador bien entrenado sacará las conclusiones adecuadas: si estos dos caminos no funcionan estamos más cerca de la solución. Si no hay solución ni en vertical ni en horizontal, puede que la haya mezclando ambas alternativas.

Para que diez clavos se puedan sostener sobre un apoyo tan pequeño como es la cabeza del clavo fijo, deberán formar previamente una estructura que los entrelace. A partir de esta idea, recurriremos a otra estrategia creativa básica: probar, tocar, mirar y remirar los clavos para ver cómo podemos montar una trabazón a sustentar sobre la cabeza del clavo fijo.

No adjuntamos la imagen para no quitarle al lector el placer de descubrirlo por sí mismo. Daremos la pista de que es una especie de tejado a dos vertientes. Dos de los clavos colocados juntos pero con las cabezas en los extremos opuestos hacen de eje y se colocan los ocho clavos restantes alternativamente mirando a derechas y a izquierdas. Cada vertiente del tejado tendrá cuatro clavos en pendiente. Apoyando el eje central del tejado sobre la cabeza del clavo fijo, puesto que la estructura construida es simétrica, se aguantará en equilibrio estable.

Una de las sabidurías elementales cuando luchamos con un laberinto es no repetir por segunda vez un camino que ya hemos visto que no tenía salida. En el laboratorio se comprueba que las ratas y otros muchos mamíferos no cometen este error. No podemos afirmar lo mismo de los humanos. ¿Tenemos peor memoria de los caminos fallidos que los animales? Por supuesto, nos ganan en memoria sensorial. ¿Esperamos que se produzca un milagro y desaparezca el obstáculo a base de repetir el mismo camino? Posiblemente este pensamiento mágico esté en el cerebro de más de una persona.

En la mitología griega Ariadna le proporciona a Teseo, para que penetre en el laberinto del Minotauro, un larguísimo hilo de oro que ella desde la entrada va soltando o recogiendo para evitar que Teseo repita caminos y, sobre todo, para que tirando del hilo pueda recuperar la salida.

Si reflexionamos un poco, veremos que es un gran recurso, muy creativo, pero que no hace falta usar ningún hilo ni que Ariadna esté auxiliando todo el rato. A Teseo le hubiera bastada con un trozo de tiza y marcar con códigos claros por donde entró a cada pasillo y cuáles caminos han sido explorados y han dado negativo.

Seamos prácticos, documentemos bien nuestros caminos fracasados (sin necesidad del hilo de oro de Ariadna) para no repetirlos.

10.1.5 Cambio de representación del problema

En el capítulo 8 hemos expuesto y ejemplificado cómo una representación no adecuada del problema puede bloquear nuestro acceso a los conceptos claves para la solución.

Una estrategia mental básica será plantearnos distintas representaciones, abstractas, visuales o del tipo que se quiera del mismo problema. Cada representación distinta será una oportunidad de descubrir caminos a explorar.

10.1.6 Atención a los estímulos sensoriales

Tal como hemos visto en el capítulo 8, se trata de ayudar a nuestra mente racional con las mentes instintiva, emocional e intuitiva. Como dijo J. P. Guilford, "La creatividad es la inteligencia de los sentidos".

Los estímulos sensoriales aportan mucha información implícita de todo lo que hemos vivido y son mucho más rápidos que el pensamiento analítico que requiere la verbalización previa.

Ejemplo: Las tres bombillas

En una habitación del piso superior tenemos tres bombillas de incandescencia. Cada bombilla es accionada por un interruptor propio. Los tres interruptores están alineados al pie de la escalera de la planta baja dónde estamos. Sabemos que ha habido errores en el montaje eléctrico y que no hay correspondencia ordenada entre las bombillas y los interruptores. La dificultad añadida es que cuando accionamos un interruptor es absolutamente imposible ver qué efecto ha tenido sin desplazarse al piso superior. ¿Tendríamos manera de, accionando los interruptores con las combinaciones que haga falta, poder establecer la correspondencia de cada interruptor con cada bombilla con un solo desplazamiento al piso de arriba?

Evidentemente el reto intelectual estriba en la limitación a un solo viaje para comprobar qué ha pasado en el piso superior. Con dos viajes la solución es trivial. Por ejemplo:

- Viaje 1. Enciendo el interruptor 1 y subo a ver qué bombilla se ha encendido y me la apunto (supongamos que ha sido la número 3).

- Viaje 2. Bajo y enciendo el interruptor número 2. Subo y veo qué bombilla se ha encendido (supongamos que ha sido la 2). Por eliminación, la bombilla que todavía permanece apagada es la que corresponde al interruptor 3 (en nuestro supuesto la bombilla 1).

En el estudio de Guilera (2002) realizado en laboratorio se comprobó que sólo el 21% de los estudiantes de primer curso de Psicología saben hallar la solución en ocho minutos. El resto, un 79%, combinaban y recombinaban interruptores sin darse cuenta de que necesitaban otra variable que no fuera la luz. La solución a esta dificultad es utilizar como segunda variable discriminatoria el calor emitido por las bombillas. Hay 24 combinaciones posibles, todas ellas basadas en que una bombilla ha estado encendida durante cinco minutos y seguirá estando caliente cuando suba, la haya dejado encendida o apagada.

Se comprueba que, a pesar de no hacerlo efectivo, el 100% tienen el conocimiento (y la experiencia) de que las bombillas encendidas desprenden calor.

Si a un grupo de sujetos se les da la pista verbal "Te has quemado alguna vez con una bombilla eléctrica", el índice de éxitos sube a casi un 30%.

Cuando, en otro grupo, los estudiantes tocan una bombilla encendida y caliente unos cinco minutos antes de plantearles el problema, el índice de éxitos en la resolución se triplica y llega al 60%.

Se demuestra con ello que los estímulos sensoriales son mucho más resolutivos que los conocimientos explícitos o los estímulos verbales. La "inteligencia de los sentidos" es más rápida y eficaz que la inteligencia analítica.

10.1.7 Inversión lógica (pensar en los opuestos)

Consiste en mirarse el problema o situación e invertir el sentido de algunos de sus elementos principales para ver si de esta manera podemos acceder a la solución que buscamos. Se trata de aplicar el principio de que negar la negación equivale a una afirmación. El producto de dos negativos es un positivo. Invertir lo que está invertido es volver a estar del derecho.

Ejemplo 1. La fuerza del enemigo

El enemigo nos ataca con gran despliegue de fuerza. Hacer que la fuerza negativa del enemigo se aplique en contra suya puede ser una buena táctica para convertir esta fuerza en positiva para mi y que sea él quien sufra daños (es un recurso muy común en todas las artes marciales de inspiración oriental).

Ejemplo 2. La isla en llamas

Tenemos un náufrago solitario en una isla desierta. Se inicia un incendio en el extremo occidental de la isla. Sopla un fuerte viento del Oeste. La isla es llana y de pura hierba seca, sin árboles. El mar está infestado de tiburones y nuestro náufrago no puede refugiarse en el agua en absoluto. Tampoco dispone de cubos para defenderse con agua ni de picos y palas para cavar una cueva.

¿Cómo hará para salvarse del fuego?

La fuerza de mi enemigo, si la uso en su contra, puede ser mi mejor aliado. ¿Cuáles son las maneras habituales de parar un fuego?

a. Que no tenga oxígeno. Sofocarlo con agua, mantas, nieve carbónica o lo que sea. Aquí no dispongo de ninguna de estas opciones.

b. Que no tenga combustible. Esta segunda opción puede salvarme si me doy cuenta de que lo que está quemado ya no puede quemar. La inversión lógica consiste aquí en combatir el fuego con fuego. Es el concepto en el cual se basan los contrafuegos: lo que ya ha sido pasto del fuego no puede volver a quemarse y pasa a ser una zona segura.

La solución consiste en proveerse de fuego en la punta occidental y traspasarlo a una zona intermedia de la isla. Puesto que el viento sopla del Oeste se quemará el extremo Este de la isla y tendremos una zona quemada donde podremos refugiarnos cuando se acerque el fuego de la punta Oeste. Vale la pena hacer notar que este sistema resiste a los cambios súbitos del sentido del viento: si se girara viento del Este tendríamos como zona segura la punta del Oeste que ya ha sido pasto de las llamas.

Ejemplo 3. El caballo más lento

Un granjero muere a consecuencia de una caída del caballo. En su testamento deja la parte principal de sus posesiones a aquél de sus dos hijos que en una carrera justa y sin trampas demuestre que su caballo es más lento. ¿Cómo organizaremos la carrera para resolver con rapidez y justicia la voluntad del difunto? Cuando se plantea este problema en un Taller de Inteligencia o de Creatividad, los asistentes se dan cuenta muy rápidamente de que los jinetes no pueden montar sus respectivos caballos porque harán todo lo posible para perder. Muy fácilmente surge la idea de recurrir a otros jinetes, pero este sistema no garantiza que no haya sobornos a los jinetes.

Se comprueba, entonces, una vez más, que los bloqueos pueden estimular la imaginación. Es frecuente que algún asistente sugiera dejar los dos caballos con hambre y después soltarlos en persecución de apetitosa comida. Pero tenemos que descartarlo porque con este sistema demostraríamos cuál es el caballo tiene más hambre, no cuál de ellos corre más en condiciones normales.

También es frecuente la sugerencia de ponerles en la meta una yegua en celo. Este segundo sistema demostraría cuál es el caballo que está más estimulado para la procreación, pero tampoco nos sirve.

La solución pasa por darse cuenta de que es una carrera al revés de lo normal: "perder" significa "ganar". Si nos fijamos en esta "inversión de la lógica habitual" nos daremos cuenta de la solución: que cada hermano monte en el caballo del otro. Haciéndolo así, ambos querrán ganar y la carrera pasará a ser una carrera normal. Si la carrera tiene invertido su sentido normal, invierto los jinetes "naturales". Dos negativos aplicados uno detrás del otro dan un positivo.

10.1.8 Pensamiento divergente (o pensamiento lateral)

Guilford (1950) plantea por primera vez la necesidad del pensamiento divergente. De Bono (1967) lo rebautiza como pensamiento lateral. Ambas denominaciones son usadas como equivalentes por la mayoría de autores de creatividad. El pensamiento lateral es una gran estrategia para superar bloqueos mentales y para construir caminos conceptuales originales.

Es una estrategia mental consistente en:

- Buscar las soluciones a los problemas en las vías o caminos laterales (y menos transitados).
- Evitar las vías obvias y evidentes por donde transcurre la mayoría de las personas porque no nos van a aportar soluciones originales.
- Deshacerse del encorsetamiento de los lugares comunes (pensamiento vertical o convergente).
- Buscar la reestructuración imaginativa de los conceptos que intervienen en el problema.
- Superar los bloqueos mentales con vías alternativas.

Ejemplo: La división de un cuadrado en cuatro partes iguales

Dado un cuadrado, el ejercicio consiste en dividirlo en cuatro partes iguales. Las soluciones más comunes son las que se presentan en las *Figuras 29, 30* y *31*.

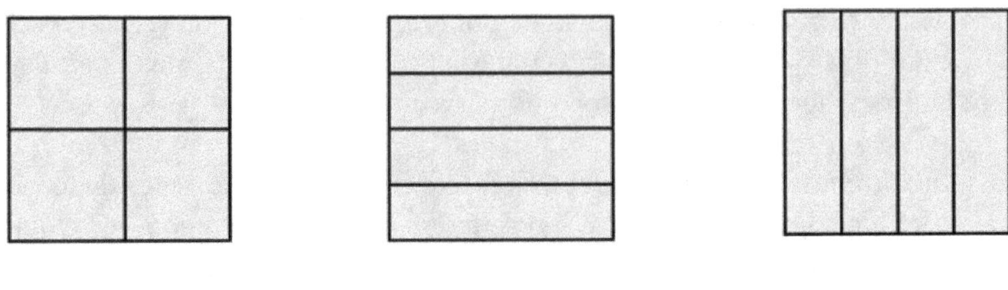

Figura. 29. Figura. 30. Figura. 31.

Sólo cuando se exigen nuevas soluciones se encuentran algunas de las que indicamos en la *Figura 32*. Si observamos las opciones de la segunda fila, de (e) a (h), veremos que todas ellas tienen en común una misma propiedad: las divisiones están formadas por dos líneas simétricas que unen los lados opuestos desde puntos elegidos al azar. Deducimos de ello una regla general que nos abre la puerta a infinitas soluciones: elegimos dos puntos cualesquiera en dos lados opuestos y los unimos por una línea tan caprichosa como queramos, si a continuación trazo la simétrica a esta línea, obtendré siempre la división del cuadrado en cuatro partes iguales.

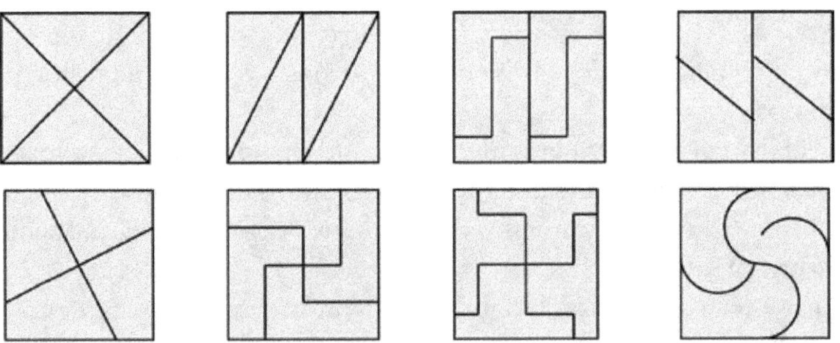

Figura 32. Infinidad de soluciones.

De unas primeras opciones de soluciones obvias, hemos pasado, gracias al pensamiento lateral, a una infinidad de soluciones y, lo que todavía es más interesante, a un conocimiento muy superior del problema planteado.

10.1.9 División del problema

Es la vieja estrategia del arte militar y político de Julio Cesar: "divide y vencerás". En lugar de abordar la búsqueda de soluciones del problema planteado como un bloque unitario, aplicamos la capacidad de análisis y dividimos el problema en sub-problemas (partes del problema) y las estudiamos por separado.

Ejemplo: Regular el tráfico de una gran ciudad.

El tráfico de una gran ciudad es un sistema de gestión de tremenda complejidad. No será posible hallar soluciones que satisfagan a todas las partes involucradas al mismo tiempo. Para abordarlo, una buena estrategia será dividir el problema en los distintos subsistemas que podemos gestionar por separado (aunque después tengamos que prever, lógicamente, las interrelaciones entre los subsistemas).

Caben muchas maneras de dividir el problema en partes. Una de las propuestas puede ser:

- Gestión del estado de las vías (operativa / cerrada; fluida / congestionada; capacidad actual de absorción de tráfico; etc.).
- Señalización horizontal y vertical de las vías.
- Instalación y gestión de los puntos semafóricos (programa complejo de investigación operativa a implementar con una sofisticada red informática).
- Gestión presencial de accidentes e incidencias (policía urbana, grúas, bomberos, ambulancias, etc.).
- Gestión de infracciones y sanciones.
- Información viaria a los conductores (paneles luminosos, emisoras de radio y televisión, servicio de SMS a teléfonos móviles, conexión a GPS, etc.).
- Educación viaria de peatones (especialmente niños) y conductores.
- Etc.

10.1.10 Marcha atrás (supongamos el problema resuelto)

Una estrategia mental muy utilizada en Matemáticas es partir del supuesto que estamos en la situación final de problema resuelto y averiguar, haciendo los pases mentales en marcha reversa, cómo podemos acceder a ella desde la situación inicial del problema. Esta estrategia sólo es aplicable cuando tenemos clara la representación física de la situación final que nos proporciona la solución buscada. La visión de lo que buscamos arroja una luz sobre el camino que debemos recorrer para pasar del punto de partida al punto de llegada.

Ejemplo 1. La silueta de una casa

Tenemos un esquema de casa hecha con palillos (*Figura 33*) que mira hacia la derecha. Nos piden que moviendo únicamente dos palillos hagamos que la casa mire hacia la izquierda.

Figura 33. Mirando a la derecha.   Figura 34. Mirando a la izquierda.

Supongamos el problema resuelto. La casa tendría el aspecto que muestra la *Figura 33*. Si analizamos las diferencias entre ambos dibujos, veremos que bastará con dar un giro a los dos palillos en ángulo obtuso de la parte interior del techo.

Ejemplo 2. Viaje a Bochum

Vivo en Barcelona. Me llama un cliente de Bochum, Alemania, y me pide que vaya a verle urgentemente. ¿Cómo se va a Bochum? Le pregunto a mi cliente qué hace él para venir a Barcelona. Y haré lo mismo en sentido opuesto.

10.2 Mapa de estrategias creativas básicas

En la Figura 34 se ha querido representar cómo se relacionan las principales estrategias mentales con el problema a resolver.
- Podemos partir de un símil para comprender mejor el funcionamiento de nuestro problema.

- Podemos partir de un problema que tenga una estructura conceptual común (a pesar de que sea de otra disciplina del conocimiento).
- Podemos concentrar nuestros sentidos en los atributos de los objetos involucrados para ver si sus propiedades nos inspiran alguna idea.
- Podemos despedazar el problema en partes y atacar cada subproblema por separado.
- Podemos cambiar la representación del problema para ver si obtenemos una mayor visualización que nos permita darnos cuenta de posibles actuaciones.
- Podemos ver si nos ayuda pensar en términos opuestos, invirtiendo la lógica (suele funcionar cuando hay una negación fuerte de algo).
- Podemos suponer que el problema ya ha sido resuelto e intentar descubrir, haciendo el camino a la inversa, cuáles son los pasos que nos conduce a ello.
- Podemos, simplemente, pensar de manera divergente y ensayar caminos inexplorados o poco transitados.
- Podemos eliminar de manera ordenada las alternativas que se ve fácilmente que no son posibles y dejar más pequeño el conjunto de caminos a probar.
- En cualquiera de las estrategias mencionadas, combinado perfectamente con todas ellas, se debe aplicar la estrategia del juicio suspendido (o diferido): no inhibir ninguna idea por prejuicios o juicios precipitados.

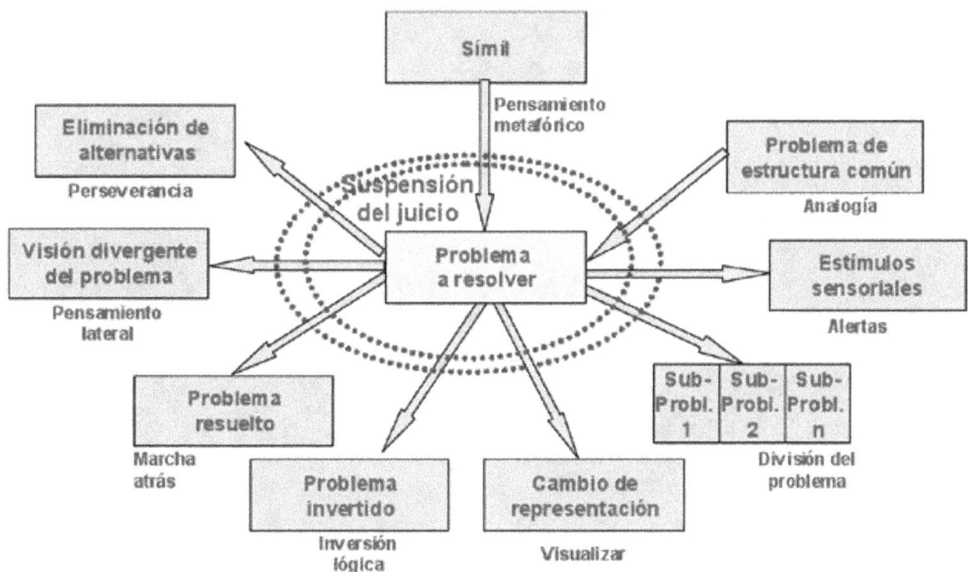

Figura 34. Mapa de estrategias mentales básicas para la creatividad.

Capítulo 11
Técnicas y métodos para la creatividad

"Lo que nos lleva a la sabiduría es la observación, no la edad.
Fijaros en la tortuga; sólo hace progresos cuando saca el cuello."

James B. Conant
President, Harvard University

Las técnicas de ayuda a la creatividad nos permitirán buscar de una manera sistemática la inspiración (*insight*) que caracteriza todo resultado creativo. Así nos acercaremos más a la idea feliz y original que perseguíamos (probablemente desde hacía algo de tiempo).

Vías y métodos podemos inventar muchos. Ya tenemos en la actualidad un numeroso repertorio que, de manera no exhaustiva, se documentan en los Anexos I y II. Pero las vías mentales últimas de la creatividad, la chispa mental que estamos buscando –con ayuda o sin ayuda de las técnicas aprendidas–, vendrá, en definitiva, por una de las cinco grandes vías de la creatividad.

11.1 Las cinco grandes fórmulas de la creatividad

Sean cuáles sean las técnicas y los métodos de ayuda al proceso creativo que utilicemos, cualquier creación pasa obligatoriamente por una de las cinco vías posibles que existen:

11.1.1 Evolución

Axioma: Cada problema que se ha resuelto puede ser resuelto de nuevo de una manera mejor.

Es la fórmula de la *mejora incremental*. Las nuevas ideas proceden de anteriores ideas, las nuevas soluciones están inspiradas en las pequeñas mejoras de las anteriores. A base de mejoras sucesivas, el producto final puede llegar a diferir enormemente del primer eslabón de la cadena.

Es la vía más común aplicada a gran cantidad de objetos tecnológicos. Cada nuevo modelo se construye basado en la creatividad colectiva de los modelos anteriores y procura aportar mejoras en costes, prestaciones, seguridad, durabilidad, etc.

Los pensadores creativos no se suscriben a la idea de que una vez que un problema se ha resuelto, puede ser olvidado, o la idea de que "si no está roto, no lo arregles". La filosofía de un pensador creativo es que "todo lo que nos rodea puede y debe ser mejorado, por insignificante que a primera vista pueda parecer la mejora".

Ejemplos: Los automóviles, los electrodomésticos, la televisión, los ordenadores electrónicos, etc.

11.1.2 Síntesis

Axioma: A veces la fusión de dos o más ideas, conceptos, prestaciones, atributos, materiales, tipos de clientes, o cualquier otra característica del problema, aporta una nueva visión de gran valor y utilidad.

De la *unión de dos o más ideas*, aparentemente dispares, el creador genera una nueva idea que no existía.

Ejemplo 1: Cena y espectáculo

Muchas parejas en su primera cita cenan en un restaurante y después acuden al teatro. ¿Por qué no juntar estas dos prestaciones y montamos cenas teatrales? Nos caben dos combinaciones: Espectáculo con cena (teatros con restaurante en la platea) o Cena con espectáculo (restaurantes con un escenario).

Ejemplo 2: Llamar y orientarse

Necesitamos el teléfono móvil para comunicarnos en cualquier momento y el GPS para saber llegar sin problemas a los sitios que no conocemos. ¿Por qué necesito disponer de dos aparatos distintos? ¿Qué tal si añadimos al teléfono móvil la función GPS?

11.1.3 *Revolución*

Axioma: A grandes males, grandes remedios. Cuando las restantes fórmulas de la creatividad no pueden cubrir el objetivo deseado, se impone la vía revolucionaria: cambios fuertes en las estructuras, las tecnologías, los materiales, los procedimientos, etc. Cualquier cosa que sitúe el problema en un nuevo ámbito totalmente renovado y alejado del marco de partida.

La vía de la Revolución consiste en asumir o descubrir una nueva idea, una nueva tecnología, un nuevo material o un nuevo procedimiento *radicalmente diferente* a las que han sido usados hasta ahora y que nos aporta mejoras notables aunque nos obliga, también, a cambios importantes en los hábitos y en todos los procesos vinculados.

Ejemplo 1. Cambios en la enseñanza universitaria.

Hacía falta mejorar y unificar el sistema educativo en las universidades europeas. En el plan educativo universitario de Boloña los profesores no se plantean la vía evolutiva de mejorar la manera de hacer las clases magistrales, se plantean la vía revolucionaria de cambiar todo el sistema educativo. Ya no se trata de dar conocimientos mediante clases magistrales; se trata de proporcionar competencias a los alumnos mediante talleres, prácticas, seminarios, clases guiadas.

Lo importante ya no es que el profesor "enseñe conocimientos", lo importante es que el alumno aprenda. La función más importante del profesor ahora es "enseñar a aprender".

Ejemplo 2: La lucha contra las termitas.

La vía evolutiva ha ido mejorando los sistemas de substancias insecticidas para matar las hormigas y evitar que se coman la madera de las casas. La vía revolucionaría ha llevado a inventar ultrasonidos que las rechazan y cebos de feromonas que las atraen fatalmente a una muerte segura.

11.1.4 *Reutilización*

Axioma: Cualquier objeto que haya perdido su utilidad de origen, puede tener otras aplicaciones. Sólo hace falta superar los bloqueos por fijación funcional y abrir la mente a cualquier estímulo externo revelador.

Es la vía de hallar *nuevas utilidades a cosas obsoletas* o periclitadas. Mirarlas con ojos limpios, de una manera original y sin fijaciones funcionales para inventarles un nuevo uso.

Ejemplo 1. Un viejo avión

Puede servirnos de atractivo y divertido bar de copas. O de oficina de ventas de una urbanización. O de vivienda diferente a todas. Etc.

Ejemplo 2: Una nevera rota.

Puede servirnos de alacena con cierre hermético. O, con un candado cifrado, de caja de caudales de bajo coste (y de baja seguridad). O de archivador de papeles. Etc.

11.1.5 *Cambio de dirección*

Axioma: "Si buscas resultados distintos, no hagas siempre lo mismo" (Albert Einstein). Si haces siempre lo mismo obtendrás más de lo mismo. Si quieres cosas nuevas, cambio de camino.

Es el axioma fundamental del pensamiento lateral. Es la vía que consiste en descartar la insistencia en los métodos que ya han demostrado que no han aportado la solución buscada y *cambiar la dirección de nuestra atención* en otro aspecto, otra variable, del problema. Coincide en esto con la vía de Revolución, pero difiere en que no tenemos que asumir un cambio profundo ni en tecnología, ni en materiales, ni en nada substancial. Sólo se trata de focalizar la atención en otro aspecto del problema y atacar por este otro frente con las mismas armas y los mismos recursos disponibles.

Ejemplo 1. Persecución de la prostitución callejera

Muchas ciudades persiguen la prostitución callejera sancionando a las personas que la ejercen, con resultados muy ínfimos. Un cambio de dirección muy efectivo es sancionar a los clientes.

Ejemplo 2. Exterminio del mosquito tigre

Muchos municipios están infestados en verano del molesto mosquito tigre. La fumigación con insecticidas no ha logrado hasta ahora vencer la plaga. Se impone un cambio de dirección: eliminar del municipio todas las charcas de agua sucia que constituyen el hábitat necesario de estos mosquitos. Si no podemos matarlos, hagamos que no tengan donde vivir.

11.2 Campos de aplicación

Tanto a nivel individual de los profesionales de cualquier carrera y especialidad como a nivel de empresas, instituciones, colectivos y la sociedad en su conjunto, ser creativos e innovar será la vía obligada siempre que se quiera alcanzar algo que todavía no existe o no tenemos constancia de que exista. La lista de *objetivos posibles* es infinita (por la propia naturaleza del concepto), pero, a fin de darle un poco de concreción, mencionaremos los más frecuentes:

- Descubrir nuevas formas de expresión artística, técnica o científica.
- Descubrir nuevas áreas del conocimiento en cualquier disciplina.
- Descubrir nuevas maneras de enseñar o aprender.
- Descubrir nuevas tecnologías.
- Encontrar nuevas aplicaciones a las tecnologías existentes.
- Descubrir nuevos materiales.
- Encontrar aplicaciones para nuevos materiales.
- Crear nuevos productos y servicios.
- Mejorar los servicios y productos que ya existen.
- Eliminar molestias cotidianas en el uso de productos y servicios.
- Eliminar enfermedades, injusticias y causas de potenciales desastres.
- Crear sistemas de gestión y gobierno más eficaces y menos costosos.
- Mejorar un procedimiento o crear uno nuevo más eficaz y menos costoso.
- Encontrar nuevas aplicaciones para los servicios y productos que existen.
- Encontrar nuevos segmentos del mercado.
- Descubrir nuevos factores de competitividad.

- Hallar las formas de desarrollar una ventaja competitiva.
- Crear nuevas técnicas promocionales para incrementar las ventas de productos y servicios.
- Identificar oportunidades del mercado para la localización de nuevas unidades empresariales.
- Etc.

11.3 ¿Qué nos aportan las técnicas de creatividad?

Las técnicas de creatividad son procedimientos de aplicación de las estrategias mentales de resolución de problemas a una de las etapas del proceso creativo, que acostumbran a ser la *delimitación del enunciado planteado* y la *generación de ideas* para detectar posibles soluciones.

En el Anexo I hemos incluido fichas descriptivas de las técnicas más empleadas con ejemplos ilustrativos para facilitar su comprensión. Pero el lector tiene el reto de ser creativo también en eso. A poco que se esfuerce puede crear su propia técnica para ayudar a desbloquear su mente. Nadie la conoce mejor que él mismo y cada persona es un universo aparte.

Hay una verdad fundamental que un creador no debe perder de vista nunca: el objetivo es resolver el problema, no sacarle partido a una técnica o un método particular. Si el camino escogido para hallar ideas no sirve, hay que cambiar a otro. Todas las veces que haga falta.

11.4 Técnicas de estimulación de ideas

Cada percepción sensorial funciona en nuestro cerebro como un estímulo que genera nuevas conexiones neuronales y, por consiguiente, puede ser el camino para proporcionar las nuevas *ideas* que estamos buscando para resolver el *objetivo creativo* que tenemos fijado.

En la *Tabla 4* señalamos el inventario de las técnicas de estimulación de ideas más utilizadas e indicamos los distintos tipos de estímulos en que se basan (ver sus descripciones en Anexo I).

Técnica	*Estímulo*	*Creada por*
Arte de preguntar	Preguntas sobre el contexto de las propuestas que surgen.	Alex F. Osborn
Palabras al azar o Relaciones forzadas	Palabra escogida al azar.	Charles S. Whiting
El catálogo	Palabras de un catálogo	Fernández Romero
Ideart	Obras de arte pictórico	Franc Ponti
Inspiravideo	Vídeos	anónimo
Imágenes visuales	Cualquier tipo de estímulo visual	anónimo
Biónica	Seres vivos de la naturaleza	Leonardo da Vinci

Tabla 4. Principales técnicas para la estimulación de ideas.

11.5 Una carencia en las técnicas actuales

Una de las críticas más sólidas que se han hecho sobre el inventario actual de técnicas de ayuda a la creatividad es que la mayoría de las técnicas están centradas en proponer estrategias para resolver problemas, pero *ninguna de ellas está orientada a detectar y delimitar los problemas* o carencias del mundo que nos rodea, siendo éste el primer gran paso obligado para no conformarse con la realidad actual y experimentar la necesidad de buscar alternativas.

Las técnicas actualmente existentes nos ayudan a ser creativos buscando respuestas, pero no nos ayudan en el origen del proceso. Haciendo una analogía, es como si el método científico estuviera centrado únicamente en los procedimientos de experimentación o en el análisis de resultados e ignorara el planteamiento de problemas e hipótesis.

11.6 ¿Qué nos aportan los métodos de ayuda a la creatividad?

Combinando distintas técnicas podemos crear un procedimiento completo para aplicar todos los pasos que necesita el proceso creativo (ver Capítulo 3). Como son muchas las técnicas que existen, el número de métodos inventados combinándolas es casi tan grande como empresas consultoras en creatividad existen. Nos limitaremos a dar una información descriptiva de los métodos más comúnmente aceptados en el Anexo II.

También aquí, debemos retar a cada lector y a cada colectivo de creadores a que se construya su propio método, adaptado a su manera particular de pensar y organizarse. Dice el viejo refrán que "en casa de herrero, cuchillo de palo", pero si hay que hacer caso de la vieja sabiduría popular, no será para aceptar su dictado, será para prevenir y evitar los errores que nos apunta.

El espíritu crítico del creativo debe aplicarse también a las propias herramientas. Está bien empezar a cultivar el jardín propio con las herramientas prestadas por un buen vecino, pero una vez dados los primeros pasos, nos conviene disponer de herramientas propias, perfectamente moldeadas a las necesidades de las flores que queremos cultivar.

Anexos

Anexo I
Principales técnicas creativas

> "La mejor manera de evitar tener que lamentar "¿por qué no habíamos pensado en esto nosotros?", consiste en haber sido los primeros en pensarlo."

Ted Coulson & Alison Strickland.
How Did They Think of That? (WoW !, The Principles of Creativity).

TÉCNICA: ARTE DE PREGUNTAR

Creada por: Alex F. Osborn (1953).
Para uso: Individual y grupal.
Participantes: de 1 a 5.
Estrategias principales que usa: Asociaciones de ideas, análisis de componentes.
Objetivo: Generación de ideas para nuevos productos
Requiere: Intuición, lógica y planificación.

Descripción

Una técnica muy útil para la estimulación de ideas nuevas es hacerse preguntas sobre el contexto y los matices de las propuestas de solución que vayan surgiendo. Sirven para concretarlas y definirlas mejor y pueden aportar los estímulos necesarios para ver nuevas variantes y nuevas alternativas de solución. Alex F. Osborn (1953) afirmaba que "la pregunta es la más creativa de las conductas humanas". Elaboró una serie de preguntas sistemáticas que él empleó con notables éxitos para ayudar a desatascar las mentes y fomentar la fluidez en la generación de ideas. Son las siguientes:

Lista de preguntas propuestas por Osborn.
¿Cuándo? ¿De qué clase? ¿Con qué?
¿Por qué? ¿Cuáles? ¿En qué?
¿Qué? ¿Para cuál? ¿Acerca de qué?
¿Por medio de qué? ¿Con quién? ¿De qué?
¿De dónde? ¿Hacia dónde? ¿Por dónde?
¿Para qué? ¿Por qué causa? ¿Por cuánto tiempo?

¿A quién? ¿De quién? ¿Más?

¿Para quién? ¿Cómo? ¿Más a menudo?

¿Quién? ¿En qué medida? ¿Menos?

¿Todos? ¿Cuánto?

¿No todos? ¿A qué distancia? ¿Para qué?

¿Importante? ¿Dónde? ¿De dónde?

¿Otra vez? ¿En qué otro lugar? ¿Más difícil?

¿Cuántas veces?

Observaciones

El primer paso del proceso creativo, como ya sabemos, es delimitar claramente el problema a resolver. Para ello, la actitud inteligente es hacer todo tipo de preguntas antes de ponernos a buscar soluciones para asegurarnos de que hemos logrado la comprensión perfecta del enunciado. En todos los métodos de apoyo a la creatividad se explicita que se haga o se da por supuesto que ya se habrá hecho como paso previo.

Ejemplos

Ejemplo: Queremos mejorar el sistema de recogida selectiva de basuras domésticas.

Una de las propuestas que tenemos sobre la mesa es hacer cubos de basura con diferentes compartimentos. Nos planteamos una serie de preguntas:

- ¿Cuántos compartimentos?
- ¿Serán todos del mismo tamaño? ¿Cuánto ocupará el nuevo sistema? (Las cocinas modernas son muy pequeñas).
- ¿Estarán en horizontal o en vertical?
- ¿Utilizaremos bolsas o directamente cubos fáciles de limpiar?
- Etc.

TÉCNICA: LISTA DE ATRIBUTOS

Creada por: Robert P. Crawford (1954)
Para uso: Individual y grupal.
Participantes: de 1 a 5.
Estrategias principales que usa: Imaginación, suspensión del juicio.

Objetivo: Generación de ideas para nuevos productos
Requiere: Intuición, lógica y planificación.

Descripción

Es una técnica basada en relacionar todos los atributos que intervienen en el producto y aplicar imaginación creativa a cada uno de ellos. La técnica se aplica con los siguientes pasos:

1. Elección del producto.
2. Identificación de sus componentes físicos.
3. Análisis de los atributos de cada elemento con la finalidad de decidir cuáles son esenciales y cuáles accesorios.
4. Selección de los atributos esenciales susceptibles de ser mejorados.
5. Estudio de todas las posibles modificaciones de estos atributos, de manera que pueda resultar una mejora del producto. La mejora puede suponer el cambio de un atributo por otro. Se ha de realizar un análisis sistemático de todas las oportunidades de mejora de cada atributo, relacionando todas las ideas que nos parezcan adecuadas, hasta que no quede ninguna posibilidad por tratar. Es la fase eminentemente creativa, donde es necesario usar la imaginación a fondo.
6. Relación de todas las posibilidades del nuevo objeto como consecuencia de la substitución de los atributos.

Observaciones

La eficacia de la técnica se hace más patente en productos susceptibles de ser descompuestos en atributos concretos y definidos. Si hablamos de un producto envasado, podríamos considerar los atributos de forma, color, sistema de cierre, materiales, ilustración, texto, etc. En cambio, cuando se trata de mejorar procesos, resulta más difícil identificar los atributos, aunque el método es aplicable.

En la etapa 2, para no olvidarse ningún atributo importante, podemos recurrir a listas prefabricadas. Dos ejemplos de listas a considerar son la de Axon Idea Processor y la que expone en su libro M. Michalko (1999).

En la etapa 3, para plantear las preguntas de una manera sistemática, se puede recurrir a la técnica SCAMPER.

Para no tener tantas variaciones posibles a analizar, algunos autores proponen centrarse en los atributos más relevantes, pero esta postura tiene el riesgo de dejarnos llevar por el hábito y los prejuicios y dejar de lado alternativas de gran valor creativo. Sin embargo, en muchos casos, si queremos evitar análisis de combinatorias inabordables, no nos queda más remedio que confiar en la intuición.

Para cerrar el proceso creativo, hace falta recurrir a un método que contemple la evaluación crítica y sistemática de las propuestas generadas. Es bastante frecuente que se use el método combinatorio de Análisis Morfológico dado que está especialmente pensado para aprovechar el conocimiento de los atributos.

Ejemplo: Lamparilla de mesita de noche.

Una empresa fabrica lámparas para mesita de noche. Los atributos actuales del producto son:

1. Base esférica de 10 cm de diámetro hecha de plástico.
2. Bombilla de rosca pequeña para máxima potencia de 40 W.
3. Pantalla tronco-cónica de 10 cm de alto y de 15 cm de ancho. De plástico corrugado. De varios colores lisos.
4. Cordón blanco con interruptor y enchufe.

Las variaciones de atributos a sugerir podrían ser:

1. Base: ¿Podemos hacer la base con otras formas? ¿Con otros tamaños? ¿Con otros materiales?
2. Bombilla: ¿Podemos poner bombillas de rosca grande? ¿O de bayoneta? ¿O de tipo halógeno? ¿Podrían ser de mayor potencia?
3. Pantalla: ¿Las pantallas podrían ser de otras formas? ¿Podrían ser mayores? ¿De otros materiales? ¿Con dibujos o fotos? ¿De otros colores?
4. Cordón: ¿Podría poner cordones de otros colores? ¿Puedo incorporar el interruptor en el casquillo de la bombilla o en la base de la lámpara? ¿Tiene sentido pensar en eliminar el cordón y poner alimentación con pilas? ¿Qué tal cambiar a aplique en la pared en vez de sobremesa?

La enorme multitud de respuestas que estas preguntas nos van a aportar deberán ser tratadas con un método sistemático, tipo Análisis Morfológico.

TÉCNICA: SCAMPER

Creada por: Alex F. Osborn (1953) y Bob Eberle (1950's)
Para uso: Individual y grupal.
Participantes: de 1 a 5.
Estrategias principales que usa: Asociación de ideas, pensamiento lateral, suspensión del juicio.
Objetivo: Generación de ideas originales para nuevos productos, servicios o procesos.
Requiere: Intuición, lógica y planificación.

Descripción

La técnica de ideación SCAMPER consiste en aplicar verbos de acción para que nos sugieran propuestas originales para la fabricación de nuevos productos o servicios.

SCAMPER es una palabra mnemotécnica (en inglés significa "corretear, deambular") creada por Bob Eberle reordenando y adaptando la lista de verificación verbal que había creado Alex F. Osborn. Cada letra corresponde a la inicial de uno de los verbos a aplicar. La técnica consiste en:

1. Identificar el elemento - el producto, servicio, o proceso - que se quiere mejorar.
2. Aplicar uno a uno los siete verbos de la lista y ver qué nuevas ideas emergen.

Letra	Verbo Inglés	Verbo español
S	Substitute	Sustituir
C	Combine	Combinar
A	Adapt	Adaptar
M	Magnify (or Modify)	Magnificar (o aumentar)
P	Put to oher uses	Potenciar otros usos
E	Eliminate (or Minify)	Eliminar (o reducir)
R	Rearrange (or Reverse)	Reorganizar (o invertir)

Observaciones

Cuando se aplica esta técnica en grupo, se recomienda imponer la estrategia de la suspensión del juicio hasta la futura fase de evaluación.

Ejemplo1. Reducir un PC

Si el elemento que se considera es un PC portátil, al aplicar el verbo E (eliminar o reducir), nos sugiere un notebook o una palm.

Ejemplo 2. Potenciar (añadir) otros usos a un sofá

Si a un sofá se le aplica el verbo P (añadirle otros usos) nos sugiere el sofácama o el sofá con cajones en su base.

Ejemplo 3. Tornillos y tuercas

Apliquemos el SCAMPER completo a una fábrica de tornillos y tuercas que quiere diversificar sus productos:

- S (sustituir): Usar materiales de alta tecnología para nichos de mercado. ¿Acero para altas velocidades? ¿Fibra de carbón? ¿Plásticos especiales? ¿Vidrio? ¿Materiales no reactivos?
- C (Combinar): ¿Integrar el tornillo y la tuerca? ¿Integrar el tornillo con su arandela? ¿Integrar el tornillo con su llave?
- A (Adaptar): ¿Poner la cabeza del tornillo con otro sistema? ¿En estrella? ¿Para llave Allen? ¿Cabeza de seguridad?
- M (Modificar): ¿Fabricar tornillos para relojes? ¿Para puentes de hierro? ¿Para estructuras de aluminio? ¿Tornillos de colores?
- P (Potenciar otros usos): ¿Ejes de bisagras? ¿Ejes de ruedas?
- E (Eliminar): Eliminar las tuercas. O las arandelas. Tornillos sin cabeza. Cambiar por pernos.
- R (Reorganizar): Tornillos que produzcan los hilos en el material. Tornillos con cabeza eliminable una vez atornillado.

TÉCNICA: ANALOGÍAS

Creada por: William J. J. Gordon (1961).
Para uso: Individual y grupal.
Participantes: de 1 a 5.
Estrategias principales que usa: Analogías estructurales.
Objetivo: Generación de ideas para nuevos productos.
Requiere: Intuición, lógica y planificación.

Descripción

Consiste en resolver un problema mediante su similitud estructural con problemas ya resueltos en otros dominios de conocimiento. En vez de atacar el problema de frente se compara con situaciones que tienen algo en común y se mira si tienen estructuras conceptuales similares.

William J. J. Gordon, creador de la Sinéctica (método creativo basado en el uso de las analogías) insistía en que "se trata de poner en paralelo mediante este mecanismo unos hechos, unos conocimientos o unas disciplinas distintas". Por ejemplo, un problema empresarial lo intentamos resolver buscando algún problema análogo en otras disciplinas: en la biología, en la historia, en un deporte colectivo...

Observaciones

La resolución de un problema por analogía es un proceso mental de gran capacidad de abstracción. Y de gran poder creativo. Saber percibir que dos problemas planteados en dos dominios de conocimiento totalmente dispares poseen la misma estructura conceptual y que, por lo tanto, se puede transferir el mismo tipo de solución, no es nada trivial (ver *Ejemplo 4*).
Existe una teoría sobre el Pensamiento Analógico por Modelos (PAM) elaborada por autores (Gordon entre ellos) que defienden que se puede entrenar y perfeccionar.

Ejemplo 1. Los patines de ruedas

Los primeros patines para suelo se diseñaron aplicando la analogía con un coche y por eso tenían cuatro ruedas repartidas en dos ejes. Los actuales patines de ruedas en fila se han basado en la analogía con las motos o (otra manera de verlo) en analogía con los patines de hielo.

Ejemplo 2. Las grapas quirúrgicas

Las grapas quirúrgicas fueron inventadas por los cirujanos cuando observaron que una tribu primitiva usaba cabezas de hormigas gigantes para pinzar las heridas y ayudar a que suturasen.

Ejemplo 3. La bomba de cobalto

Ver *Ejemplo 4* del apartado 10.1.3.

Variantes

Innovaforum.com ha creado una técnica con el mismo objetivo que denominan *Transferencia conceptual* y que también está basada en hallar las analogías. La diferencia principal radica en que antes de buscar las analogías descomponen el objeto elegido en las partes que lo forman.
Se puede consultar en la web de Innovaforum.

TÉCNICA: RELACIONES FORZADAS (PALABRAS AL AZAR).

Creada por: Charles S. Whiting (1958).
Para uso: Individual y grupal.
Participantes: de 1 a 5.
Estrategias principales que usa: Asociaciones forzadas, suspensión del juicio.
Objetivo: Generación de ideas para nuevos productos.
Requiere: Intuición, lógica y planificación.

Descripción

Partimos del axioma que combinar lo conocido con lo desconocido fuerza una nueva situación que puede estimular ideas originales gracias a las asociaciones de ideas que realiza el inconsciente cognitivo de los participantes.

La técnica consiste en hacer intervenir palabras (u otro tipo de estímulos) escogidos al azar. "La palabra al azar actúa como un paquete de conceptos que se traen a la situación para abrir nuevas líneas de pensamiento <…>. Si miramos sólo a lo que estamos mirando, ¿cómo van a cambiar nunca nuestras ideas? Puede que uno deba mirar a cosas que parecen no tener relevancia, e incluso a cosas que seguro que no tienen ninguna relevancia, para disparar nuevas ideas" (E. de Bono).

Es una técnica que se utiliza mucho en la fase de búsqueda de ideas en cualquier método creativo cuando el proceso espontáneo de ideación se está estancando. Se extrae una palabra al más puro azar y se fuerza nuestra mente a hallarle posibles relaciones con nuestro problema.

Seleccionamos la palabra abriendo por una página aleatoria y apuntando con el dedo una revista, una novela, un diccionario, etc. No es necesario que nos restrinjamos a textos relacionados con el tema que nos ocupa. Hasta cierto punto es preferible que huyamos de ellos y cojamos la palabra al azar en textos de materias distantes.

Para cierto tipo de problemas Whiting aconseja descomponer antes en sus elementos constitutivos tanto el objeto (o el concepto principal del problema) como la palabra extraída al azar y forzar tantas relaciones entre ellos como se nos puedan acudir. (Ver Ejemplo 3).

Se debe aplicar la estrategia de Suspensión del juicio. No rechazar ninguna asociación libre del pensamiento, por rara que parezca en primera instancia, porque está comprobado que puede ser una idea "puente" hacia otras ideas de auténtico valor.

Es una técnica particularmente útil para superar bloqueos mentales. Mediante la aplicación de estímulos externos se busca un encuentro entre el proceso inconsciente y el factor desencadenante externo. Es decir, se busca que el estímulo externo sirva de puente entre la incubación y la iluminación.

Obviamente, a continuación faltaría completar las etapas de reflexión y debate, evaluación crítica de las propuestas y desarrollo de las elegidas aplicando cualquiera de los métodos completos de ayuda a la creatividad que existen.

Observaciones

Algunos autores denominan esta técnica con otros nombres y variantes (Edward de Bono, por ejemplo, lo llama "La aportación del azar").

Según señalan los expertos, los antiguos oráculos existentes en varias culturas eran, en cierta manera, un precedente de esta técnica. Una estimulación de la mente con frases al azar servía para que el consultante buscara su propia respuesta a la pregunta planteada. El propósito de los oráculos no era tanto el de predecir el futuro, como el de ayudar a sus usuarios a tener una mayor penetración en sus propias mentes.

Los antiguos griegos utilizaban las ambiguas predicciones de Oráculo de Delfos, mientras que los chinos utilizaban el I Ching. Los egipcios consultaban el Tarot, los escandinavos usaban las Runas y los indios norteamericanos la Rueda de la Medicina. Muchas personas utilizan en la actualidad los horóscopos de revistas y periódicos.

Ejemplo 1: Programación de nuevas actividades para el ateneo cultural del barrio.

Nos han encargado que hagamos la programación de actividades del próximo curso del ateneo cultural del barrio y nos han explicitado que les gustaría que hubieran actividades distintas de las acostumbradas.

Supongamos que nos sale al azar la palabra *sombrero*. Hacemos acopio de las asociaciones mentales que automáticamente nos sugiere la palabra sombrero: señorío y elegancia, gángsters, magos, mendicidad, votaciones improvisadas…

Hacemos, también, una lista de los atributos vinculados a sombrero: cubre la cabeza, protege del frío, quitárselo es señal de respeto, existe el gesto y la expresión "chapó", hay de muy distintos modelos y materiales, está en retroceso su uso.

A continuación se registran las conexiones neuronales de conceptos que se van produciendo. Por ejemplo:

- Conferencias y cursos sobre tendencias de la moda.
- Ciclo de cine negro.
- Taller de escritura de novela negra.
- Espectáculos de magia.
- Cursos para aprender magia.
- Colectas públicas para apadrinar niños del tercer mundo o financiar ONGs.
- Ciclo de charlas y debates con los principales líderes políticos de la demarcación.
- Conferencias sobre salud y cuidado capilar.
- Clases de peluquería.
- Cursos de fabricación artesanal de sombreros y gorras.
- Concurso de sombreros creativos.

Ejemplo 2: Pretendemos encontrar nuevas funciones para el teléfono móvil. Supongamos que la palabra al azar es "inundaciones". Las ideas que podrían surgir (pendientes de evaluación crítica) serían:

- Móvil sumergible.
- Avisos SMS de prevención de catástrofes de todo tipo; inundaciones, terremotos, amenazas terroristas, etc.
- Incorporar al móvil barómetro, termómetro e higrómetro.
- Incorporar sismógrafo.

Ejemplo 3: Nos encargan que generemos ideas originales para la fabricación de sofás.

Por un lado, descompondremos el sofá en partes: tapicería, estampado, estructura, base, respaldo, brazos, cojines, patas de apoyo. Por el otro lado, se escoge la palabra al azar y sale *melocotón*. Su descomposición en conceptos asociados nos da: piel, pulpa, hueso, sabor dulce, jugo, color. Las relaciones entre ambas descomposiciones nos pueden aportar ideas tales como:

- Tapicería color melocotón.
- Tapicería con la suavidad de tacto de la piel del melocotón.
- Tapicería con olor a melocotón (u otras frutas).

- Estampados con melocotones y otras frutas.
- Cojines con forma de melocotón.
- Patas hechas de huesos de melocotón triturados.
- Base del sofá con cajones para guardar frutas y otras fruslerías.
- Respaldo con un depósito de jugos refrigerados de frutas (implica conexión a la electricidad y grifos laterales o posteriores).

Variantes

Hay muchas variantes que se diferencian en la manera de coger la palabra al azar o en el tipo de estímulo que utilizan. Destacaremos:

Técnica del catálogo: Impulsada por el profesor Fernández Moreno. Sus únicas diferencias son:

a. se parte de un catálogo que, a ser posible, tenga algo que ver con nuestro objetivo de la creación;
b. en lugar de una única palabra, se cogen dos palabras del catálogo al azar;
c. se escriben dos palabras que se nos acudan asociadas con las dos anteriores;
d. se combinan al azar las palabras originales entre sí y con las asociadas.

Citas y proverbios: En lugar de usar una sola palabra, nos estimulamos con una frase sacada al azar de un libro de citas célebres o de un refranero.
Estratales: La estimulación se hace mediante un estratal (neologismo creado por Edward de Bono). Un estratal es una serie de enunciados paralelos (normalmente cinco) que se consideran como una totalidad. No es necesario que los enunciados tengan conexión alguna entre sí.

Ideas locas: Ver la técnica PO, PROVOCACIÓN.

Programa generador de palabras al azar: Uno de los más usados es Random Word Generator, que comercializa Gammadyne Corporation. Es una ayuda a la creatividad que ahorra tiempo. Su sistema sofisticado de construcción de palabras genera un alto porcentaje de palabras útiles. Las palabras pueden estar sometidas a ciertas restricciones, tales como terminar en una vocal o tener "a" como tercera letra.

Ideart: Impulsada por el profesor Franc Ponti, se basa en estímulos pictóricos. Ante un determinado foco creativo, el líder del proyecto escoge de manera intuitiva una lámina que pueda generar analogías y asociaciones. En primer lugar (tanto si la técnica se utiliza de forma individual como en equipo) se trata de describir la lámina y "jugar" con los conceptos que de ella puedan derivarse (construir historias, detectar aspectos ocultos, fabular, hacer comparaciones, etc.). Posteriormente, y como paso fundamental en la técnica, se tratará de "forzar" relaciones entre el foco creativo y la lámina.

InspiraVídeo: Usa una herramienta audiovisual como estímulo para inspirar nuevas ideas (por ejemplo: Youtube). La regla principal es que sea un vídeo totalmente inesperado para todos los componentes del equipo. Se trata de que, al no saber qué imágenes pueden aparecer, el vídeo cause sorpresa, curiosidad, intriga, quizá miedo..., en resumen, distintas emociones que servirán de impulso para generar asociaciones imprevistas e ideas valiosas para nuestro objetivo.

Es una técnica de estímulo muy recomendable para los equipos que ya están acostumbrados a trabajar con otras técnicas de creatividad porque les aporta novedad. Se puede usar sola o en combinación con las restantes técnicas de estimulación. Es frecuente que se utilice después de la técnica de palabras al azar para dar mayor amplitud a la lista de ideas generadas.

Estímulos visuales: Idéntico a InspiraVideo pero con una variedad mucho más grande de estímulos visuales: vídeos, fotos, pinturas, dibujos, otros objetos, etc.

TÉCNICA: COMBINACIÓN DE ATRIBUTOS

Creada por: Anónimo.
Para uso: Individual y grupal.
Participantes: de 1 a 5.
Estrategias principales que usa: Combinatoria, asociaciones libres, suspensión del juicio.
Objetivo: Generación de ideas para nuevos productos
Requiere: Intuición, lógica y planificación.

Descripción

Consiste en asociar dos atributos distintos de dos objetos (cuanto más diferentes, mejor) e inventar un nuevo objeto que reúna las dos utilidades asociadas a ambos atributos.

En sesiones grupales debe aplicarse la estrategia de la suspensión del juicio. Se trata de dar rienda suelta a la imaginación con tantas combinaciones aparentemente disparatadas como se nos ocurran y diferir la evaluación de las ideas hasta que se dispongan en cantidad suficiente para propiciar la calidad de las escogidas.

Observaciones

No está especificado en qué basarse para asociar dos objetos primero y dos atributos particulares de estos objetos después. Aquí caben estrategias de emparejamientos al azar (ver *Palabras al azar*) o, si pretendemos mejorar un producto, usar la estrategia de escoger uno de sus atributos y pensar qué otros objetos lo tienen también por más alejados que estén del nuestro. Veremos, a continuación, qué otros atributos tienen estos objetos e intentaremos hacer casar parejas de atributos en un mismo producto.

Hay infinidad de casos en la historia de los inventos que vienen de este método. Nos limitaremos a dar unos pocos ejemplos:

Ejemplo 1. Radio y teléfono

El italiano Marconi implementa la radio (mandar ondas sonoras a través del espacio). El americano Graham Bell implementa el teléfono (comunicación de voz persona a persona). Combinando ambos atributos obtenemos el teléfono móvil (o celular, dependiendo del país).

Ejemplo 2. Biología y Estadística

Mendel combinó la Biología de la reproducción con la Estadística e inventó la Genética.

Ejemplo 3. Sed e Higiene

El bostoniano Hugh Moore combinó en 1908 la idea de vaso para beber un trago de agua con la de preservar la higiene en reuniones de varias personas y nació el vaso desechable de un solo uso (que inicialmente era un cono de papel encerado).

Ejemplo 4: Ver de lejos y ver de cerca.

Benjamin Franklin combinó la necesidad de ver bien de cerca (presbicia) y ver de lejos (miopía) con la idea de no tener que cambiar de gafas y nacieron las gafas bifocales.

TÉCNICA: *SENSANATION* (ESTIMULACIÓN SENSORIAL)

Creada por: Mike Vance (1995).
Para uso: Individual.
Participantes: 1
Estrategias principales que usa: Asociaciones libres, suspensión del juicio.
Objetivo: Generación de ideas originales para nuevos productos o servicios.
Requiere: Instinto e intuición.

Descripción

Consiste en pensar sobre el problema con los cinco sentidos: vista, oído, gusto, olfato y tacto. Tocar, palpar, morder, lamer, zarandear, mirar del derecho y del revés, etc. Atender a todos los estímulos sensoriales que nos puede aportar la situación y los objetos que en ella intervienen y dejar que la intuición nos guíe. Observar las reacciones propias frente a las percepciones recibidas para desencadenar nuevas visiones del problema. Confiar en la sensibilidad perceptiva, la capacidad de captar a través de los canales sensoriales el problema y percibir detalles y matices que no todo el mundo percibe.

Observaciones

Esta técnica presupone la capacidad de atender las alertas sensoriales que la realidad nos transmite y gestionarlas de manera correcta. Por ejemplo: Si huele a gas, puede haber riesgo de explosión; si un motor chirría, puede estar a punto de averiarse; si el jefe ha dejado escapar una mueca, puede indicar disgusto, etc.

Percibir la realidad de una manera distinta es la vía natural para llegar a la construcción de un nuevo concepto no existente y, en consecuencia, es uno de los pilares de la creatividad. Tan esencial es poder disponer de una gran sensibilidad perceptiva que Joy Paul Guilford (1950) expresó que "la creatividad es la inteligencia de los sentidos".

Ejemplo: Un agujero misterioso

Dada una tarjeta de visita y unas tijeras, construir un agujero en la tarjeta que permita pasar una cabeza humana. El agujero debe ser de una sola pieza, no puede estar formada mediante partes pegadas o cosidas entre sí.

Ante este enunciado, la primera reacción normal es pensar que es imposible realizar lo que se pide. Haciendo el agujero máximo que el perímetro exterior de la tarjeta nos permite (ver Figura 35.), es evidente que podrá pasar la cabeza de una rata pero no la de un ser humano. Habrá que acudir al pensamiento lateral.

Mirando y tocando la tarjeta, apreciamos que el papel es un material flexible y jugando a recortar con las tijeras vemos que podemos fabricar de infinidad de maneras posibles tiras largas de papel; por ejemplo en forma de espiral rectilínea (ver Figura 36.). Ya sólo nos falta advertir que un agujero puede ser un simple corte lineal (los botones bien pasan por el agujero de su ojal).

Figura 35. ¿Agujero máximo?

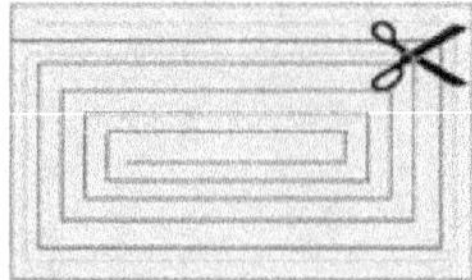

Figura 36. Una de las infinitas maneras.

Con unas tijeras suficientemente finas, buen pulso y paciencia, se puede lograr que el agujero efectuado permita el paso de una cabeza de elefante.

TÉCNICA: SLEEP WRITING

Creada por: André Breton (1924).
Para uso: Individual.
Participantes: 1.
Estrategias principales que usa: Incubación, acceso al inconsciente cognitivo a través de los sueños, suspensión del juicio.
Objetivo: Superar bloqueos creativos.
Requiere: Instinto, emociones e intuición.

Descripción:

Esta técnica es una variante particular de la estrategia de incubación y busca la superación de bloqueos creativos mediante el acceso a soluciones implícitas que el inconsciente cognitivo ya tiene medio elaboradas y que se supone que el sueño permitirá desplegar en todo su potencial.

Para aprovecharse de esta técnica, se recomienda organizar las sesiones por la tarde y trabajar a fondo en la búsqueda de posibles soluciones del problema antes de irse a dormir. Como elementos auxiliares, conviene dejar papel y lápiz en la mesita de noche para anotar tan pronto como se pueda los sueños, imágenes, sensaciones o asociaciones de ideas que nos lleguen a la mente antes de coger el sueño o en el instante de despertar.

Está demostrado que los momentos de semi-vigilia (medio dormido o medio despierto) y los de las primeras fases del sueño son los que tienen mayor probabilidad de que el inconsciente cognitivo se manifieste. Numerosos científicos y artistas dan cuenta de que las imágenes y sensaciones surgidas en los sueños se han convertido luego en ideas originales que les han llevado a resolver creaciones que tenían en marcha.

Observaciones

Está demostrado que esta técnica funciona mejor si el creador ha estado trabajando duramente en el tema antes de dormirse. La inspiración en sueños sólo se produce si ha habido transpiración previa. No es la iluminación sobrenatural a un escogido de los dioses como creían los antiguos griegos; es el desarrollo liberado de trabas de un proceso mental que ya estaba iniciado en el estado de vigilia. Las situaciones de máxima distensión de la mente racional (explícita y verbal) facilitan la llegada a la conciencia de la mente inconsciente (implícita y sensorial) que, a menudo, tiene alternativas claras de solución basadas en las vivencias y los conocimientos implícitos. ¿Qué duda cabe de que el sueño puede ser una situación de gran relajamiento y distensión? El problema práctico radica en evitar perder el recuerdo de lo soñado. Es bastante frecuente que las últimas fases del sueño (las más reparadoras) eliminen todo vestigio de las imágenes y emociones de las primeras fases (las más creadoras). Para optimizar la memoria sobre lo soñado, algunos creativos que acuden a esta técnica programan la interrupción del sueño en el punto idóneo.

Ejemplo 1. El arte de Dalí

Se ha comentado que Dalí utilizaba una variante de esta técnica: se adormecía en el sillón con una cucharilla en las manos y una mesilla con cristal al lado, de forma que, cuando quedaba adormecido, la cucharilla se le caía sobre el cristal y el ruido lo despertaba. Así lograba interrumpir su sueño en la fase imaginativa y podía recordar (y dibujar) las imágenes oníricas antes de que la siguiente fase del sueño las borrara.

Ejemplo 2. La aguja de las máquinas de coser

Elias Howe (1819-1967), inventor de la primera máquina de coser americana y pionero de la confección textil, estaba obsesionado porque todas las agujas de las máquinas de coser existentes (todas ellas de fabricación europea en aquel entonces) rompían el hilo cuando las costureras aceleraban su ritmo de trabajo.

La explicación —vista a posteriori— era que se había diseñado la aguja de las máquinas a imitación de las agujas de coser manuales: en un extremo la punta y en el extremo opuesto el agujero para enhebrar el hilo. Ello forzaba al hilo a una trayectoria en zigzag muy larga y estresante. Howe había valorado la posibilidad de utilizar hilo más resistente a la tracción, pero encarecía excesivamente los costos de la confección.

Obsesionado por el tema, una noche soñó que unos caníbales le perseguían (era época de descubrimientos de tribus primitivas) y le lanzaban una lanza que tenía un agujero en la punta. Se despertó de golpe porque identificó que era la solución que él buscaba para su aguja.

Ejemplo 3. Yesterday

Paul McCartney se despertó una mañana de mayo de 1965 con una melodía en su cabeza que había estado soñando durante toda la noche. Se sentó al piano y compuso "Yesterday", la canción más versionada de la historia de la música.

Variantes

Se ha ensayado la utilización del Sleep-writing en grupos de creadores trabajando en equipo. La ventaja evidente radica en la mayor posibilidad de dar interpretaciones diversas y enriquecedoras a las narraciones de los sueños experimentados por los miembros del equipo.

TÉCNICA: NEGACIÓN DE LA MAYOR

Creada por: Elaboración propia.
Para uso: Individual y Grupal.
Participantes: de 1 a 5.
Estrategias principales que usa: Asociación de ideas. Suspensión del juicio.
Objetivo: Generación de ideas para nuevos productos o servicios.
Requiere: Intuición, Lógica y Planificación.

Descripción

Esta técnica debería aplicarse siempre al inicio de cualquier proyecto de mejora de un producto o servicio. Consiste en cuestionar la mayor condición (la más prioritaria) que tenga el problema y ver qué podríamos hacer si la negamos. La utilidad de esta técnica es muy grande porque ataca a la raíz profunda del problema o situación.

Pueden presentarse tres situaciones:

Situación 1: Nos damos cuenta de que podemos afrontar la misma necesidad con otro tipo muy diferente de objetos o servicios. En este caso, crearemos algo realmente novedoso, algo revolucionario, que aportará una nueva alternativa que nunca habríamos descubierto si no hubiéramos empezado por negar la mayor.

Situación 2: Vemos que es imprescindible atacar la necesidad de la misma manera que se ha estado haciendo tradicionalmente pero descubrimos nuevas facetas del tema que nos ayudarán a hacer una modificación o ampliación realmente importante.

Situación 3: Vemos que es imprescindible atacar la necesidad de la misma manera que se ha estado haciendo tradicionalmente y que sólo nos cabe la posibilidad de mejorar aspectos secundarios, de menor importancia.

Si el resultado de negar la condición mayor no nos aporta soluciones que nos satisfagan, podemos reiterar el procedimiento pasando a negar la segunda condición más importante. Y así sucesivamente.

Observaciones

Si se aplica en grupo, deberá adoptarse la estrategia de la suspensión del juicio para no inhibir propuestas aparentemente disparatadas que, una vez analizadas y transformadas en lo que convenga, pueden ser las mejores.

Ejemplo 1. Nos encargan que diseñemos tejados innovadores

Empezamos negando la mayor. ¿Es necesario que las casas tengan tejado? ¿Tiene sentido una casa sin tejado?

Sólo tendría sentido en un país donde nunca lloviera y donde no hiciera falta protegernos del calor, ni del frío, ni de los insectos, ni del ruido. Como este tipo de países no existe, parece que será obligatorio que las casas tengan tejado. Pero, atención a la idea que nos aparece y que nos lleva a la situación 2. Si las manzanas de una gran ciudad o urbanización tuvieran un techo único, las casas individuales no haría falta que construyeran sus tejados.

Dice un refrán que no hay que empezar las casas por el tejado y, como todos los refranes, expresa una sabiduría popular basada en siglos de experiencia. Pero el deber del creativo es cuestionar todo y no van a ser una excepción los refranes populares. Las modernas tecnologías constructivas permiten este cambio de planteamiento: se puede construir perfectamente un tejado común a toda la manzana de edificios. Ventajas evidentes:

1. Todos los edificios podrán tener los máximos servicios que se puedan vincular al tejado: paneles fotovoltaicos, climatizadores y sistemas de ventilación natural, partes abatibles o deslizantes, antenas de telecomunicaciones, claraboyas, chimeneas, etc.
2. Es más fácil garantizar la estética urbanística de la ciudad o urbanización.
3. Se optimizan los costes de construcción.

Por analogía, nos damos cuenta de que los stands en las ferias ya son una aproximación a este esquema: un techo único de un pabellón de exposiciones evita que cada stand tenga que ocuparse del cerramiento superior de su "habitáculo".

Ejemplo 2. Protección contra la lluvia

Nos encargan que diseñemos un nuevo sistema de protección personal contra la lluvia que tenga mayor aceptación por parte del público que la que tienen los actuales paraguas y chubasqueros.

Empecemos negando la mayor. ¿Hace falta protegerse de la lluvia? Podemos imaginar una ciudad en la que no haga falta protegerse de la lluvia. Bastaría en que todas las aceras tuvieran obligatoriamente porches o marquesinas y que los pasos de peatones fueran todos subterráneos. Estaríamos en la situación 1. Sería una ciudad utópica, pero su racionalidad, utilidad y belleza sería indiscutible. Nos apuntamos la idea para plantearla a un Ministerio de la Vivienda y la Edificación que quiera ser realmente innovador. Pero es obvio que en los espacios abiertos, parques y jardines, campo, playa y montaña, seguiríamos desprotegidos de la lluvia.

Con los chubasqueros tenemos el problema que molestan cuando están mojados porque no está solucionado qué hacer con ellos. En restaurantes, oficinas y locales públicos solemos encontrar paragüeros para dejar en depósito el paraguas chorreante de agua, pero no sabemos dónde meter nuestro chubasquero que va soltando agua. La solución de chubasqueros de volumen mínimo que se pueden plegar en el interior de un bolsillo sólo es buena mientras están secos.

Neguemos aquí la actual condición mayor: ¿Tenemos que acarrear con un paraguas o un chubasquero? Pues, la verdad, no tendríamos por qué. Imaginemos que hay libre uso de paraguas y chubasqueros públicos y colectivos por toda la ciudad. Podrían ser de uso gratuito (financiado mediante publicidad de marcas) o condicionado a una pequeña cuota anual. Cada vez que llueve cogemos un paraguas en la primera estación de suministro de paraguas (habría una en cada esquina) y cuando para la lluvia dejamos el paraguas en la estación de servicio de paraguas más cercana. Hay antecedentes de servicios públicos de este tipo. Barcelona, por ejemplo, ha implantado con gran éxito el sistema de transporte público urbano con bicicletas llamado bicing (http://www.bicing.cat).

Si no nos satisface esta solución, por los motivos que sean, podemos reiterar el procedimiento de negar la actual condición mayor. ¿Es preciso que los paraguas y chubasqueros sean pieza aparte de la vestimenta?

Imaginemos por un momento que tuviéramos unos rayos mágicos que neutralizaran todas las gotas de agua que se acercaran a más de un metro de nuestra persona (evaporándolas o desviando su trayectoria). Bastaría con vestir siempre un collar o brazalete que emitiera a conveniencia estos rayos mágicos y nuestra protección contra la lluvia estaría garantizada, sin importar cómo vamos vestidos y sin tener que proveerse de adminículos especiales que luego olvidamos porque nos estorban. Estaríamos en la situación 2.

Mientras la tecnología no nos proporcione estos collares mágicos anti-agua, estamos obligados a movernos en la situación 3: ideas más o menos geniales para mejorar los paraguas y chubasqueros de siempre. Recomendamos visitar la web http://www.thecoolist.com/dry-tech-the-20-coolest-umbrellas-youll-ever-see/ para ver algunos de los inventos realizados al respecto en los últimos años.

TÉCNICA: PO PROVOCACIÓN (u OPUESTOS).

Creada por: Edward de Bono (1968).
Para uso: Individual y Grupal.
Participantes: de 1 a 5.

Estrategias principales que usa: Inversión lógica. Suspensión del juicio.
Objetivo: Generación de ideas originales.
Requiere: Intuición, Lógica y Planificación.

Descripción

Consiste en buscar visiones absolutamente originales del problema que puedan ser un buen estímulo para encontrar ideas nuevas que nunca descubriríamos si no hubiéramos aplicado esta provocación. La estrategia es "darle la vuelta" o "poner patas arriba" los objetivos que se han enunciado para el producto (o servicio o proceso). Se parece a la negación de la mayor, pero no debe confundirse con ella. Aquí no se trata de negar sino de girar del revés los objetivos habituales. Cambiar la dirección de una acción, invertir derecha por izquierda, arriba por abajo, positivo por negativo, el núcleo por el entorno, etc. Los pasos son:

1. Identificar claramente la situación actual y el *objetivo deseado* de adaptación, modificación, perfeccionamiento o creación ex novo de un producto, servicio o proceso.
2. Darle la vuelta al problema con alguna de las siguientes estrategias:

   a. Proponer una *inversión lógica*. Visualizar el extremo opuesto de la situación. O invertir las características de los elementos más relevantes. La inversa de la solución que hallemos podría ser la solución que buscamos.
   b. Proponer el *objetivo contrario* al que nos piden. Saber qué nos aleja de nuestro objetivo puede ser una manera de averiguar cómo acercarnos mejor a él.
   c. *Concentrarse en el entorno* del problema (todo el espacio que lo circunda) en lugar del núcleo del problema. Evitando caer en lo que se llama "tirar pelotas fuera". Podemos descubrir, viendo cómo afecta al entorno, características del problema que se nos escapaban.
   d. Suponer que toda la información que nos han dado es incorrecta y *crear un escenario imaginario* más proclive a estimular nuestra imaginación.
   e. Cualquier locura aparentemente absurda que se nos ocurra. Lo importante es *moverse, no quedarse en el punto infértil del bloqueo mental*.

Observaciones

"PO" es una palabra estrambótica inventado por Edward de Bono en el año 1968. Significa:

- (p)rovoking (o)peration [operación provocadora]
- (p)rovocative (o)peration [operación provocativa]
- (p)rovocation (o)peration [operación de provocación]

La provocación es una estrategia mental. Muchas ideas nuevas surgen por azar, accidente, error o locura. Estos hechos producen una discontinuidad que nos obliga a ir más allá de los topes habituales de lo que es "razonable" establecidos por nuestra experiencia.

Se trata de volvernos temporalmente locos, sólo durante unos pocos segundos, y poner el mundo cabeza abajo pero controlando perfectamente la situación. De conectarnos y desconectarnos de la locura a voluntad.

En el peor de los casos, si las soluciones inventadas no son suficientemente valiosas, esta técnica nos habrá proporcionado un conocimiento más profundo del comportamiento de los elementos del problema.

Diferentes autores se refieren a esta técnica con otras denominaciones, algunos la llaman "pensar en opuestos". Michalko la considera un "Thinkertoy" lineal.

Ejemplo 1. ¿Qué puedo hacer para que se venda más mi marca de detergente?

La situación normal es que los clientes paguen dinero por mi detergente. Ellos me dan dinero y yo les doy detergente. La inversión lógica sería que ellos me dieran detergente y yo les diera dinero.

En principio parece una idea estúpida, pero centrándonos en ella podemos descubrir que no es mala política de promoción de mi marca anunciar que pasaremos a visitar casas al azar y dónde nos enseñen que tienen un tambor de detergente de mi marca, les daremos un suculento premio en metálico.

Otra variante sería que, para promocionar mi marca, el que entregue en una tienda una caja a medio uso de otra marca, recibirá el dinero necesario para comprar una caja de mi marca (un vale).

Ejemplo 2. ¿Qué puedo hacer para incentivar el reciclaje del vidrio?

El objetivo es que los ciudadanos lleven recipientes de vidrio a los depósitos o centros de reciclaje. La inversión lógica sería que los centros de reciclaje les den vidrio a ellos.

No es ninguna tontería. Si obsequiamos a los ciudadanos con botellas de vidrio dotadas de cierre abre-fácil hermético, les incentivaremos para que fabriquen sus propias limonadas y refrescos caseros y dejen de generar algo de basuras comprando menos productos envasados.

Ejemplo 3. ¿Cómo podemos evitar que una fábrica de hilaturas contamine el río?

Las fábricas cogen el agua limpia río arriba (antes de que llegue a la fábrica) y sueltan el agua contaminada río abajo (cuando el río ya ha pasado por el lado de la fábrica).

Una idea PO aplicando la inversión lógica sería: Que coja el agua río abajo y la evacue río arriba.

En primera instancia parece una locura o una tontería. Pero si lo pensamos mejor, veremos que, haciéndolo de este modo, si la fábrica contamina el agua será ella la primera en sufrir las consecuencias. Para evitarlo será la primera interesada en no contaminar el agua o, en su caso, depurarla convenientemente. Tan buena resulta ser la idea que muchos países la han convertido en ley de protección medioambiental.

TÉCNICA: REGRESO AL FUTURO (FUTURE PRETEND YEAR)

Creada por: Anónimo.
Para uso: Individual y Grupal.
Participantes: de 1 a 5.
Estrategias principales que usa: Imaginación. Visión de futuro. Marcha atrás. Suspensión del juicio.
Objetivo: Generación de ideas para nuevos productos.
Requiere: Intuición, Lógica y Planificación.**Descripción**

La expresión *Future Pretend Year* significa literalmente "año futuro deseado". Es una técnica consistente en imaginar que hemos llegado al futuro en positivo, estableciendo una situación hipotéticamente exitosa en el tema que queremos resolver. Utiliza la estrategia de pensamiento de "supongamos el problema resuelto", también llamada estrategia de "marcha atrás" porque persigue la solución desde el final deseado y caminando hacia atrás (ver el capítulo 10).

Se lleva a cabo a través de los siguientes pasos:

1. Establecer el marco de actuación, es decir, definir y delimitar claramente el problema.
2. Imaginar que estamos en el futuro y que el problema está resuelto con éxito.
3. Enumerar a las personas que a consecuencia de esta situación imaginada se ven beneficiadas, ya sean de tu empresa o de la competencia.
4. Enumerar a las personas que a consecuencia de esta situación imaginada se ven perjudicadas, ya sean de la propia empresa o de la competencia.
5. Enumerar a las personas que, en esta situación imaginada, están ayudando al éxito del proyecto.
6. Usar la fantasía e incluir expertos del presente o del pasado que puedan ayudar, sin importar a dónde pertenecen hoy.
7. Enumerar otros expertos o héroes, vivos, históricos o mitológicos, que nos gustaría que estuvieran ayudándonos.
8. A continuación, por cada una de las personas listadas, escribir específicamente, pero sin evaluarlo, cuál sería su aportación exclusiva en el futuro para ayudar a implementar una solución de éxito para nuestro problema. Empezar cada frase con el nombre de la persona.
9. Por último, utilizar las actividades listadas para generar nuevas ideas de cómo resolver el problema actual. Para lograrlo, se recomienda forzar la generación de ideas a través de combinaciones entre la situación deseada y la actual.

Observaciones

Este método suele dar mejores resultados con un equipo multidisciplinar. Si en el grupo participa algún tecnólogo experto en el tema que se trata, las visiones de futuro pueden ganar mayor realismo, pero corremos el riesgo de inhibir en demasía la imaginación del resto del equipo.

Anexo II
Principales métodos creativos

> "Los modelos son muy útiles, pero sólo un loco los seguiría ciegamente al pie de la letra."
>
> *Paul E. Plsek*

> "El hombre inteligente no es el que tiene muchas ideas, sino el que sabe sacar provecho de las pocas que tiene."
>
> *J. Dotras*

MÉTODO: BRAINSTORMING (LLUVIA DE IDEAS)

Creado por: Alex F. Osborn (1953).
Para uso: Grupal.
Núm. de participantes: de 4 a 10.
Técnicas principales que usa: Suspensión de juicio, técnicas de generación de ideas.
Campo de aplicación: Problemas específicos mejor que generalistas.
Requiere: Instinto, intuición, lógica y planificación.

Descripción

El brainstorming es probablemente el método más antiguo y más conocido. Su creador, Alex F. Osborn, lo describió en su libro *Applied Imagination*, publicado el 1953, aunque él ya lo venía utilizando desde el 1939.

Se estructura en dos tipos de sesiones, como mínimo, que tienen que estar separadas por un mínimo de 24 horas.

Sesión de generación de ideas:
Se basa en la estrategia de "carta libre a la imaginación" llamada también "suspensión del juicio". Se debe cancelar absolutamente toda actitud crítica en esta etapa porque inhibiría ideas "puente" o ideas "trampolín". Se prohíbe absolutamente evaluar o criticar las ideas propuestas. Ni tan siquiera comentarlas.

Se trata de generar la máxima cantidad posible de propuestas por el principio de que la cantidad puede aportarnos la calidad deseada. Puede utilizarse cualquiera de las técnicas de generación de ideas existentes o, si es el caso, una combinación de varias.

A partir de las propuestas presentadas, se piden al grupo modificaciones, adaptaciones y combinaciones de ideas y se procura que afloren ideas nuevas. En ciertos casos, es conveniente que el moderador establezca a priori el número mínimo de propuestas que se desea generar.

Sesión de evaluación de las ideas propuestas:
No debe realizarse en el mismo día. Hay que dejar un mínimo de 24 horas para dejar que se digieran las propuestas y actúe el proceso inconsciente de la incubación.

El primer paso es ver si han aparecido ideas nuevas como resultado del repaso de la lista y de la incubación de la misma. Si las hay, se añaden a la relación.

El grupo tiene que evaluar todas y cada una de las ideas surgidas y debatir sobre las más prometedoras para ver si tienen o no utilidad práctica y aportan valor.

Las ideas disparatadas se procura que se conviertan en ideas prácticas o que se puedan utilizar para sugerir soluciones realistas. El énfasis hay que ponerlo a continuación en el análisis, la lógica y la utilidad en el mundo real. Puede ayudar el hecho de clasificar las propuestas más útiles en tres grupos:

1. Ideas de utilidad inmediata, con las formas que ya hemos pensado.
2. Ideas para explorar más ampliamente. Habrá que investigarlas, seguirlas, pensar, discutirlas más ampliamente, etc.
3. Ideas que sugieren nuevas maneras de mirar el problema. Como dijo Osborn, "la creatividad es la producción de un nuevo significado mediante la síntesis".

Cuestiones de procedimiento:
- Escoger un secretario. Es imprescindible que alguien asuma la tarea de registrar todas las propuestas surgidas. Se recomienda escribir las ideas en una pizarra o en cartulinas colgadas en una pared de manera que todo el grupo las pueda ver. En una organización ideal, el secretario tendría que ser una persona que sólo hiciera esto, puesto que es difícil estar reflexionando con profundidad y anotando al mismo tiempo. En grupos pequeños, el secretario acostumbra a ser uno de los participantes.

- Escoger un moderador. Su función es administrar el turno de palabras y evitar que todo el mundo hable a la vez. En grupos muy reducidos no se descarta que los roles de secretario y moderador recaigan sobre la misma persona. El moderador vigilará que durante la sesión del primer día se cumpla al pie de la letra la regla de "suspensión del juicio" y procurará mantener en todo momento el ambiente de trabajo relajado y alegre. Las neuronas interconectan mejor cuando los participantes no tienen tensiones y se sienten libres para hacer el tonto o ser juguetones. Incluso en el supuesto de que se esté trabajando sobre un tema delicado como puedan ser el cáncer o el abuso a menores, no es conveniente recordar al grupo que "este es un problema serio" o que cierta idea "es una broma de mal gusto". La creatividad comporta siempre una actitud lúdica y alegre que hay que preservar en beneficio del resultado.

- Calentamiento previo. Para crear el clima necesario y poner en funcionamiento las mentes, puede ser una buena táctica empezar con una sesión de calentamiento de diez minutos, donde se aborde un problema imaginario. Pensar sobre un problema imaginario libera a la gente y la sitúa en actitud lúdica. Después abordará el problema real con mayor fluidez y flexibilidad.

- Limitar las sesiones. La duración recomendada de una sesión de brainstorming es de 15-30 minutos. Sesiones más cortas son poco productivas. Sesiones más largas tienden a que se pierda el interés.

- Distribuir la lista de propuestas. Tras la sesión de generación de ideas hace falta pasar a limpio la lista recogida y hacer llegar una copia a todos los participantes. No hay que intentar poner la lista en ningún orden concreto, sino que se recomienda respetar el orden en que se produjeron las ideas.

Observaciones:

A pesar de tener más de 70 años, aún continúa siendo uno de los métodos más eficaces, especialmente para atacar problemas específicos (más que los generalistas). Entre las ventajas del método destacaremos:
- La fluidez de ideas aportadas en la etapa 1 demuestra que es un mito pensar que la fluidez mental es muy difícil y está sólo al alcance de unos pocos genios.
- El entusiasmo y la motivación se contagian al ver las ideas aportadas.
- Se estimula el espíritu competitivo, cada persona tiene el deseo de mejorar o superar alguna de las propuestas anteriores. Y a menudo lo logra.

Variantes del brainstorming

Desde su creación se han derivado un considerable número de variantes del método. Algunas han añadido adjetivos calificativos para diferenciarlas y otras han sido bautizadas con distintos nombres por sus creadores. En muchas de ellas, el intercambio de ideas se realiza por escrito en vez de por vía oral. Los más utilizados son:

- Stop-and-go brainstorming.
- Brainstorming secuencial.
- Brainstorming constructivo-destructivo.
- Brainstorming individual.
- Sandwich-brainstorming.
- Brainstorming con Post-it (TMI).
- Método Phillips 66.
- Brainstorming Anónimo.
- Brainstorming Didáctico.
- Brainstorming Imaginario.
- SIL (Sukzessive Integration von Lösungen-Methode. Integración Sucesiva de Soluciones).
- Método 635.
- Bloc de Notas colectivo (Collective Notebook).
- Brainwriting Pool.
- Técnica de las tarjetas (Kärtchentechnik.

En los apartados sucesivos explicaremos en qué consisten exactamente algunas de estas variantes del brainstorming.

MÉTODO: 635 (variante del brainstorming)

Creado por: John N. Warfield (1975)
Para uso: Grupal.
Núm. de participantes: 6.
Técnicas principales que usa: Intuición, asociaciones, suspensión del juicio.
Campo de aplicación: Problemas específicos mejor que generalistas.
Requiere: Intuición, lógica y planificación.

Descripción

Es una variante del método brainstorming enfocada al trabajo creativo colaborativo. El nombre le proviene de las cifras que identifican las claves de su funcionamiento en la etapa de generación de ideas:

Seis personas se reúnen alrededor de una mesa con una hoja en blanco enfrente para generar ideas relativas al tema que quieren resolver.

Tres ideas, son las que tendrá que escribir cada participante en su hoja, de manera concisa y breve ya que sólo dispone de:
Cinco minutos para escribirlas. Se establece un tiempo tan breve para fomentar la espontaneidad, la improvisación, la carencia de autocensura y, en definitiva, la fluidez.

Una vez transcurridos los cinco minutos, cada participante pasará su hoja al compañero de al lado y se repetirá el proceso de escribir tres nuevas ideas durante otros cinco minutos, después de haber leído las ideas de los participantes anteriores y haberse inspirado en ellas.

Los participantes procurarán no reiterar ideas ya plasmadas y tienen instrucciones de no desechar en esta etapa ninguna idea, por aburrida, absurda o disparatada que parezca, puesto que pueden ser ideas "puente" para estimular ideas creativas de sus compañeros.

Al completar la rueda completa de seis intervenciones de cinco minutos cada una, en la que se habrán hecho circular todas las hojas, ordenadamente y una sola vez para cada uno de los participantes, se dispondrá de un máximo de dieciocho ideas en cada hoja, lo que puede suponer haber generado ciento ocho propuestas de soluciones en sólo media hora. Habrá algunas repetidas, sobre todo al principio de cada hoja y unas cuantas totalmente absurdas.

El coordinador (o líder del equipo) sintetizará las ideas producidas en grupos afines, establecerá las principales líneas de propuestas y convocará a una nueva sesión de evaluación que tendrá que realizarse después de un intervalo de incubación de cómo mínimo 24 horas.

Si el número de líneas de soluciones propuestas es excesivo, una primera medida prudente puede ser recabar la priorización de los seis miembros y desechar las líneas que mayoritariamente parezcan menos atractivas, de forma que nos quede un conjunto más abordable de líneas a analizar.

Para la sesión de evaluación de las ideas no se han establecido reglas fijas. Dependerá en buena medida del número de líneas de propuestas resultantes a debatir, de la preparación técnica de los participantes y del tipo de tema de que se trate.

Observaciones

Este método es una variante del brainstorming, pero más fácil de ejecutar y de controlar. Aunque tiene menor espectacularidad, puede ser igualmente eficaz. Tiene la ventaja, frente al Brainstoming, de que se evitan protagonismos y el consiguiente riesgo de imposición de las ideas de ciertas personas por razón de una supuesta superioridad en jerarquía, prestigio o elocuencia.

Variantes

Brain writing:
Método similar desarrollado en el Batelle Institute, que permite mantener el anonimato de quien hace las aportaciones y no limita ni el número de participantes, ni el número de ideas aportadas, ni el tiempo para cada turno de escritura.

Tiene la ventaja de que no requiere reuniones presenciales y puede, por lo tanto, realizarse vía Internet y abarcar participantes de varias sedes geográficas.

Phillips 66:
Se parte de un conjunto de participantes más numeroso, se divide en grupos de 6 personas y se les da 6 minutos para generar ideas (sin número prefijado) que después se comparten en el grupo mayor.

MÉTODO: ANÁLISIS MORFOLÓGICO

Creado por: Fritz Zwicky & Myron S. Allen (de 1940 a 1969).
Para uso: Individual y Grupal.
Participantes: de 1 a 5.
Técnicas principales que usa: Lista de atributos. Análisis y Combinatoria.

Campo de aplicación: Nuevos productos o servicios. Modificaciones de los que ya existen.
Requiere: Lógica y Planificación.

Descripción

Cualquier objeto tiene un conjunto de características o atributos que lo condicionan y definen. Cualquier proceso puede ser analizado por las condiciones (variables o parámetros) que intervienen en él. Cualquier servicio, obra o montaje viene caracterizado por condiciones del servicio (elementos que pueden tener distintos valores). En resumen, en cualquier problema que tengamos planteado podremos encontrar siempre condiciones que pueden asumir distintos valores cuantitativos o cualitativos. Para simplificar el lenguaje, las distintas clases de características las llamaremos atributos.

La estrategia del Análisis Morfológico es determinar cuáles son los atributos del problema sobre los que podemos actuar y ver qué tipos de valores pueden asumir cada una de ellos. El método tiene 5 etapas claramente diferenciadas:

1. Delimitar claramente el problema u objetivo que perseguimos.
2. Ver la lista de atributos que lo componen. Los atributos pueden referirse a partes físicas, procesos, funciones, aspectos estéticos, etc. Es conveniente seleccionar únicamente los atributos relevantes para no caer en volúmenes de información inmanejables. Para determinar si es relevante o no Michalko (2000) propone la siguiente pregunta "¿Sin este atributo, el problema continuaría existiendo?".
3. Inventariar todos los valores o alternativas posibles de cada atributo. En este punto se puede recurrir a la técnica de Lista de Atributos desarrollada por R. P. Crawford (1954) y añadir nuevos valores inventados para algunos de los parámetros.
4. Combinar de todas las maneras posibles las variaciones de los atributos. Si n1, n2, …np son los distintos números de valores que pueden tomar los p atributos presentes en el problema, el número total de combinaciones (que recibe el nombre de producto morfológico) será $Q = n1 \times n2 \ldots x\, np$.
5. Analizar las distintas combinaciones y ver sus distintas posibilidades como soluciones creativas. Se puede hacer de dos maneras:
   a. Al azar: se escoge aleatoriamente la combinación de valores de los atributos
   b. Por enumeración ordenada: se exploran las combinaciones en el orden en qué aparecen en el producto morfológico.

Observaciones

Supongamos que en el problema hemos encontrado tres atributos relevantes: A, B y C con las siguientes variantes: A tiene 3 valores posibles {A1, A2 y A3}, B también tiene 3, {B1, B2 y B3} y C tiene 2 {C1 y C2}.

El producto morfológico del ejemplo será = 3 x 3 x 2 = 18. Y las 18 combinaciones posibles nos dan la *Matriz de ideas*:

A1-B1-C1	A1-B1-C2	A1-B2-C1	A1-B2-C2	A1-B3-C1	A1-B3-C2
A2-B1-C1	A2-B1-C2	A2-B2-C1	A2-B2-C2	A2-B3-C1	A2-B3-C2
A3-B1-C1	A3-B1-C2	A3-B2-C1	A3-B2-C2	A3-B3-C1	A3-B3-C2

Si el producto morfológico es muy elevado, el número de combinaciones puede volverse inmanejable. Una simplificación que suele hacerse es eliminar aquellas combinaciones parciales de dos o más variantes que se intuyen inviables. A riesgo de equivocarse y dejar escapar las ideas más creativas.

El Análisis Morfológico se desarrolló en los trabajos tecnológicos de la astrofísica y las investigaciones espaciales llevadas a cabo en los años cuarenta por el astrónomo Fritz Zwicky y su equipo. Es un método eficaz para generar gran cantidad de ideas en un corto período de tiempo.

Ejemplo 1: Nuevo producto en fábrica de lamparillas de noche.

Supongamos que los atributos que se manejan en producción son: tres tipos de medida, dos tipos de soporte, cuatro tipos de pantalla, cuatro alternativas de bombilla y cinco estilos en el diseño estético.
Producto morfológico = 3 x 2 x 4 x 4 x 5 = 480.

Matriz de ideas para lamparilla de noche:

Medida	Soporte	Pantalla	Bombilla	Estilo
pequeña	Sobremesa	Pergamino	Incandescente. Rosca pequeña	Bahaus
grande	Aplique	Plástico	Incandescente. Rosca grande	Funcional
alargada		Vidrio	Halógena	Rústico
		Papel	Leds	Clásico
				Artesanal

Escogiendo al azar la combinación 3-1-4-3 nos sugiere el siguiente producto:

Lámpara de forma alargada, de sobremesa, con pantalla de papel, bombilla de alto ahorro energético con tecnología de leds y estilo rústico.

Ejemplo 2: Búsqueda de nuevo producto editorial.

Un editor barcelonés está buscando nuevos productos y decide trabajar con cinco parámetros: temática de los libros, propiedades de los libros, mercados geográficos y formas de encuadernación.

Matriz de ideas para el nuevo producto:

	Temática	Propiedades	Mercados	Formas	Encuadernación
1	Novela	Portada artística/ sobria	Cataluña	Gran formato	Lujo
2	Humor	Con/sin ilustraciones	Países de habla española	De bolsillo	Cartón
3	Clásicos	Con/sin CD	Países de habla inglesa	Mini libro	Rústica
4	Libros de autoayuda	Con/sin solapas		Fascículos	
5	Economía	Con/sin punto de lectura			Revista
6	Libros de texto				
7	Infantiles				
8	Religión				
9	Misterio				
10	Deportes				

Obsérvese en este ejemplo que en la columna de propiedades están identificadas 5 variables binarias, cosa que habrá que tener en cuenta a la hora de calcular el producto morfológico, que será:

$$Q = 10 \times (5 \times 2) \times 3 \times 5 \times 3 = 4{,}500 \text{ combinaciones.}$$

Absolutamente inabordable. Deberemos proceder a seleccionar combinaciones preferentes antes de pasar a análisis detallados de las propuestas.

MÉTODO: FLOR DE LOTO

Creado por: Yasuo Matsumura.
Para uso: Individual y Grupal.
Participantes: de 1 a 5.
Técnicas principales que usa: Análisis. Descomposición del problema en subproblemas.
Campo de aplicación: Resolver problemas. Encontrar nuevas alternativas.
Requiere: Lógica y Planificación.

Descripción

La herramienta central del método es el *Diagrama de la Flor de Loto* (Lotus Blossom Diagram) fue desarrollado por Yasuo Matsumura, presidente de Clover Management Research (Chiba City, Japón). Al parecer, se basó en el método de pensamiento creativo que usó Charles Darwin para desarrollar la teoría central de la evolución de las especies.

Es una herramienta que se basa en el pensamiento analítico y busca la estimulación del pensamiento creativo mediante un diagrama visual para registrar la relación entre un concepto central y los subconceptos asociados.

Se parte de una Flor de Loto central y se rellenan los ocho pétalos que la circundan con ocho ideas o propuestas relacionadas con el tema central que nos ocupa (el problema a resolver u objetivo a conseguir). Cada una de los 8 pétalos pasa a continuación a ser el centro de una nueva Flor de Loto y se procura que tenga 8 pétalos más. Los temas centrales llevan a ideas que pasan a ser otros temas centrales, y así sucesivamente: los temas que se despliegan provocan nuevas ideas y temas resultantes.

Este proceso puede reiterarse mientras veamos que van surgiendo ideas estimulantes. Una vez completado al máximo posible el diagrama, pasamos a evaluar las diferentes propuestas surgidas y vamos seleccionando las que nos parecen más oportunas para ir elaborándolas.

El objetivo de la Flor de Loto es que se propicie un cambio en la perspectiva del análisis y, al hacernos explorar todas las posibilidades e implicaciones, adquirimos diversos puntos de vista sobre el mismo problema, lo que permite establecer conexiones de ideas y, eventualmente, identificar alternativas que de otra forma hubieran permanecido ocultas.

6	3	7	6	3	7	6	3	7
2	F	4	2	C	4	2	G	4
5	1	8	5	1	8	5	1	8
6	3	7	F	C	G	6	3	7
2	B	4	B		D	2	D	4
5	1	8	E	A	H	5	1	8
6	3	7	6	3	7	6	3	7
2	E	4	2	A	4	2	H	4
5	1	8	5	1	8	5	1	8

Observaciones

Este método se asemeja a los Mapas Conceptuales y a los Mapas Mentales pero difiere de ellos en un punto esencial.

• Los Mapas Conceptuales buscan la forma de reunir toda la información relativa a un concepto principal mediante los subconceptos que lo forman para comprenderlo mejor en el momento de estudiarla.

• Los Mapas Mentales tienen estructura arbórea totalmente libre y están pensados para alentar el pensamiento divergente y la inclusión de todos los componentes de cada unidad de pensamiento.

• Los diagramas de Flor de Loto, por el contrario, tiene estructura arbórea totalmente rígida e iterativa y piden al usuario que focalice el pensamiento de manera convergente en ocho resultados claves de una situación dada en cada nivel de análisis que abrimos.

También podemos verle afinidades aparentes con el método de Análisis Morfológico porque ambos parten de la búsqueda de las ideas felices a partir de descomponer el problema en sus partes constitutivas. Pero la Flor de Loto no busca el análisis de los elementos que constituyen el objeto o servicio, busca y plasma en los "pétalos" los conceptos o propuestas derivadas que asociamos al concepto principal.

Existen programas especializados para ayudarnos a construir los diagramas. Los más simples construyen el diagrama en una hoja de cálculo Excel y las descripciones y anotaciones asociadas a cada "pétalo" se escriben en documentos pdf vinculados. Los más sofisticados, como Axon99, construyen gráficos especializados de gran calidad visual.

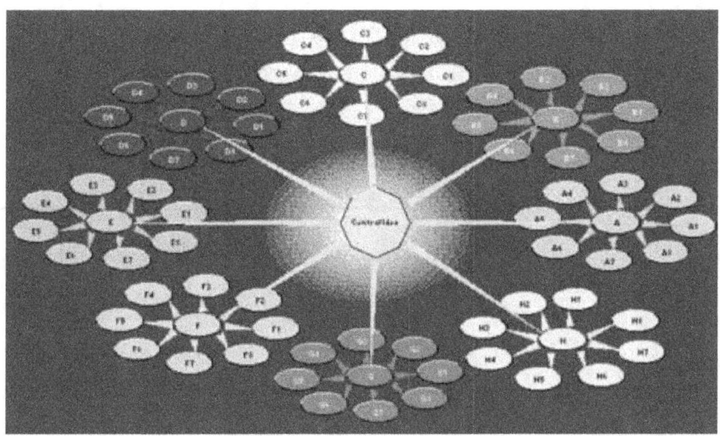

Figura 37. Diagrama Flor de Loto hecho con el programa ©Axon99.

Ejemplo 1: Deseamos establecer un clima creativo en nuestra empresa.

Preparamos un diagrama Flor de Loto. Escribimos el problema o *tema central en el centro del diagrama* la frase "Establecer un clima creativo" que sintetiza nuestro objetivo.

Pensamos en ideas o aplicaciones relacionadas y las situamos en los 8 círculos que están alrededor (etiquetados de la A a la H).

Hemos hallado las siguientes ideas: "ofrecer concursos de ideas", "crear un ambiente estimulante", "tener encuentros de pensamiento creativo", "generar formas de romper los propios moldes", "crear una actitud positiva", "establecer un comité de ideas creativas", "hacer que el trabajo sea divertido" y "expandir el significado de trabajo".

Usamos las ideas escritas en los círculos de la A a la H como *nuevos temas centrales para las cajas círculos que están alrededor*. Por ejemplo, la frase "crear un ambiente estimulante" en el círculo A, la hemos copiado ent el círculo etiquetado con A que está directamente debajo, dónde se convertiría en el tema central para una nueva flor de loto, y así sucesivamente.

Intentamos pensar en *ocho nuevas ideas que deriven del nuevo tema central* y las situamos en los cuadrados que lo rodean. Podemos acudir a cualquiera de las técnicas de estimulación de ideas para llenar tantas "flores" como nos sea posible.

Continuamos el proceso hasta que agotemos la capacidad de nuevas ideas. Pasamos a *evaluar las ideas* y ponemos en marcha las que pasen el umbral de viabilidad técnica y económica.

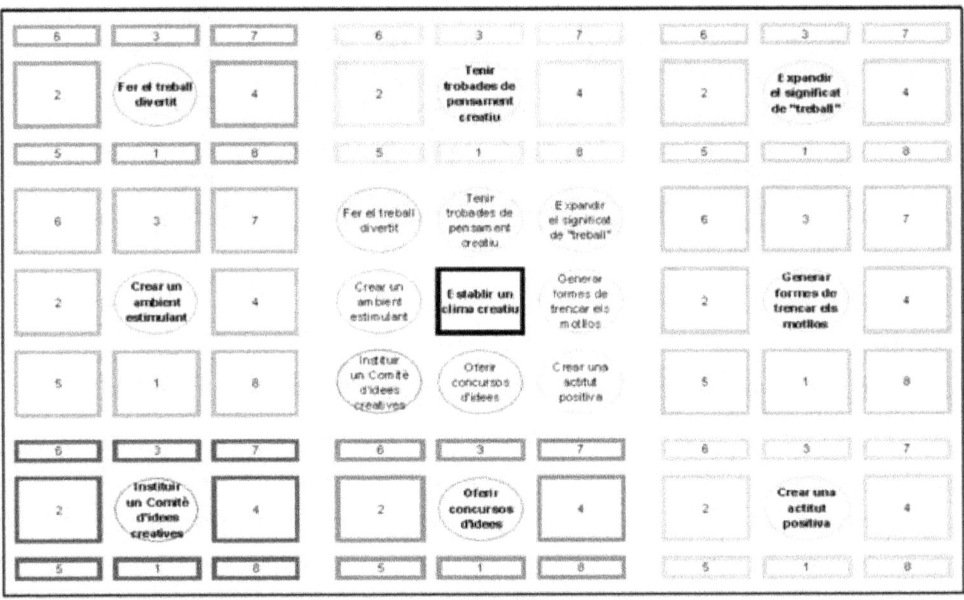

Una de las ideas que una empresa real que construyo este diagrama adoptó fue disponer una sala especial para pensamiento creativo. La dotaron de libros sobre creatividad, videos, juguetes y juegos educativos, beanbags, plastilina para modelar, etc. La decoraron con fotos de los empleados cuando eran bebés, como un recordatorio que todos nacemos inocentes y creativos.

Ejemplo 2: Búsqueda de empleo.

Un ejecutivo de marketing en paro hizo servir el método Flor de Loto para generar ideas que le ayudaran a conseguir un empleo

Su tema central fue "trabajo". Una de las ideas que rodeaban la caja central era "crear un resumen explicativo".

La idea "Resumen" se convirtió entonces en nuevo tema central y, utilizando estimuladores de ideas, le surgieron una serie de variaciones. Una de las ideas consistía en poner anuncios en los periódicos con el titular "Recompensa de 50.000 dólares". La letra menuda de debajo explicaba que un empresario podía ahorrarse 50.000 dólares por el hecho de no pagar a un cazatalentos y contratar directamente una persona con talento contrastado para el marketing.

Cuando los empresarios interesados llamaban al teléfono que había en el anuncio, escuchaban una grabación de su curriculum.
Recibió cuarenta y cinco ofertas de trabajo.

MÉTODO: MAPAS MENTALES (MIND MAP)

Creado por: Tony Buzan (1996?).
Para uso: Individual y Grupal.
Núm. de participantes: de 1 a 6.
Técnicas principales que usa: Pensamiento divergente.
Campo de aplicación: Generar, visualizar, estructurar y clasificar ideas.
Requiere: Intuición, Lógica y Planificación.

Descripción

El Mapa Mental (Mind Map) es un diagrama arborescente que se construye para relacionar de manera totalmente libre, alentando el pensamiento divergente, conceptos, ideas o tareas derivados del tema central que nos ocupa utilizando a discreción palabras clave, colores, lógica, ritmo visual, números e imágenes.

Los Mapas Mentales se utilizan para *generar, visualizar, estructurar y clasificar ideas*, y como una ayuda para estudiar y organizar la información, resolver problemas, tomar decisiones o escribir un texto complejo.

Sirven para reunir los puntos que queremos destacar alrededor de un tema e indican de forma sencilla la manera en que estos se relacionan entre sí.

No tienen una estructura o un orden preestablecido. Constarán siempre de una palabra o imagen central o concepto, en torno al cual se dibujarán de 5 a 10 ideas principales que han sido sugeridos por el concepto central. A partir de cada una de las palabras derivadas, se extenderán las ramas de ideas que nos vayan aportando, sin predeterminar cuántas divisiones ni qué longitud debe tener cada rama.

El Mapa Mental busca y exige imágenes para su construcción. Las imágenes y dibujos tienen varias funciones:

1. Ayuda nemotécnicas.
2. Expresar con dibujos los conceptos e ideas complejas, evitando con ello muchas palabras.
3. Facilitar nuevas conexiones mentales. Se sabe que las imágenes conectan más rápidamente que las palabras con otras ideas afines, por lo que parte de la potencia del Mapa Mental está en su capacidad visual de generar nuevas conexiones y retener las ideas con el hemisferio visual del cerebro.
4. Equilibrar las ideas verbales con representaciones visuales.

Observaciones

Ramon Llull (1235–1315) fue un auténtico precursor de los Mapas Mentales con los esquemas circulares que utilizaba para exponer sus filosofías.

Aunque presenta similitudes, no hay que confundirlos con la técnica de los Mapas Conceptuales. Un mapa conceptual se centra en conceptos, se estructura de manera jerárquica, descendiendo de los conceptos gruesos a los particulares, con conectores específicos (proposiciones).

Nota del editor. Puede accederse a la Galería de mapas mentales, elaborada por Zoraida G. de Montes y Laura Montes G., autoras del libro *Cerebro, inteligencias y mapas mentales,* en este enlace:

http://www.marge.es/margebooks/index.php/cerebro-index/

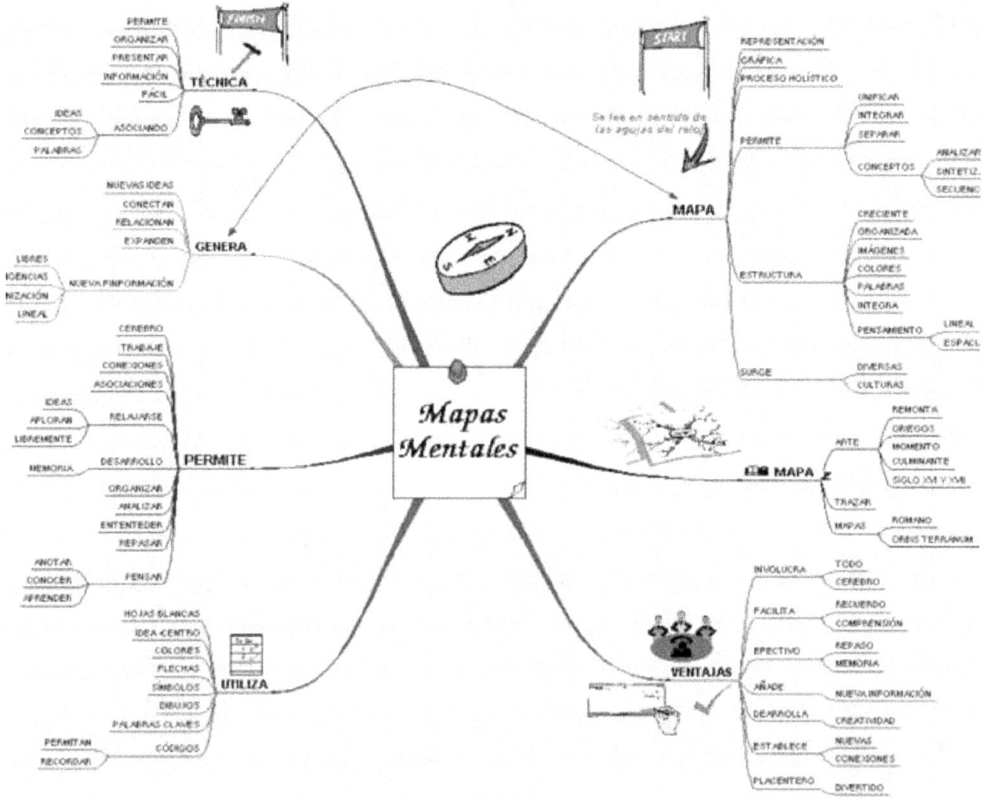

Ejemplo: Mapa mental sobre los Mapas Mentales.

MÉTODO: SINÉCTICA

Creado por: William J.J. Gordon (1961).
Para uso: Grupal.
Núm. de participantes: de 4 a 10.
Técnicas principales que usa: Analogías (reales o imaginarias).
Campo de aplicación: Problemas específicos mejor que generalistas.
Requiere: Intuición, Lógica y Planificación.

Descripción

En este método, inventado en 1961 por William J. J. Gordon, el equipo de creadores trabaja de forma interactiva con el cliente (persona u organización que tiene el problema). Se basa en un ciclo de propuestas aproximativas que se contrastan de forma interactiva con el cliente hasta conseguir la plena aceptación de las soluciones creadas.

Se designa un *facilitador* cuyo rol es actuar de interfaz entre el cliente y el equipo creativo. El facilitador deberá abstenerse en todo momento de proponer ideas propias o comentar las sugeridas. Deberá limitarse a hacer de puente de comunicación entre las dos partes.

El método sigue los siguientes pasos:

1. *Presentación del problema*: El cliente presenta el problema.
2. *Delimitación del problema*: El facilitador pregunta al cliente sobre el problema (recolección de información) para intentar que el equipo disponga de toda la información necesaria.
3. *Enunciados alternativos*: El equipo reformula el enunciado del problema de dos o más maneras alternativas para asegurarse de haberlo comprendido en su totalidad.
4. *Selección de enunciado de trabajo*: El cliente escoge la formulación del enunciado que interpreta que se ajusta más a sus deseos.
5. *Generación de propuestas*: El equipo la analiza, la estudia, reflexiona y propone dos o tres soluciones.
6. *Primera selección y evaluación*: El cliente selecciona la propuesta que estima más apropiada y la acompaña con un comentario positivo y una manifestación de sus principales motivos de reserva (entre uno y tres como máximo).
7. *Generación de nuevas propuestas*: El equipo propone dos o tres soluciones nuevas intentando vencer las reservas del cliente.
8. *Nueva selección y evaluación*: El cliente selecciona una de las alternativas presentadas y a partir de aquí se repiten los pasos 6 y 7 hasta que el cliente queda satisfecho o se agota el tiempo límite de la sesión (máximo 1 hora).
9. *Ciclo interactivo*: Se realizarán tantas sesiones como haga falta, separándolas con un tiempo prudencial para dar lugar a la digestión de las propuestas por parte del cliente y la incubación por parte de los creativos.

Observaciones

Para la producción de ideas se trabajará con cualquiera de las técnicas de estimulación de ideas. En Sinéctica lo más frecuente es trabajar con analogías, tanto si son reales como fantásticas.

Este método fue publicado por primera vez en el libro: *Gordon, William J. J. (1961).* Synectics: The development of Creative Capacity. New York: Collier Books.

Fue posteriormente perfeccionada por su socio George M. Prince. Ambos se basaron en las experiencias profesionales realizadas en Synectics, Inc., la empresa consultora que ambos crearon en 1960, dedicada a la invención, al estudio del proceso creativo y a la formación para empresas.

MÉTODO: SINAPSIS

Creado por: Guy Aznar (1974).
Para uso: Grupal.
Participantes: GC = 6 personas (animador y 5 participantes). GEM = de 3 a 6. GR = 2. GI = 3.
Técnicas principales que usa: Generación de ideas.
Campo de aplicación: Problemas empresariales de cierta envergadura.
Requiere: Intuición, Lógica y Planificación.

Descripción

El método define unas funciones a realizar, unos equipos humanos para ejercerlas y establece la secuencia de actuación, cubriendo todo el proceso desde la definición del problema hasta la implantación de las soluciones halladas.

Funciones:
El método distingue tres niveles de funciones que se atribuyen a diferentes grupos:

Funciones	**Grupo**
Decisión	Grupo de Estado Mayor
Realización	Grupo de Realización
Creación	Grupo de Creatividad y Grupo de Intersección

Grupos:
El método estructura cuatro grupos dedicados a funciones complementarias:

Grupo	Siglas	Miembros	Composición
Grupo de Estado Mayor	GEM	Entre 3 y 6 personas	El Comité de Dirección o algunas personas con elevado poder decisorio.
Grupo de Creatividad	GC	6 personas	El animador y 5 participantes. Responsables de la generación de ideas y de la primera fase de intersección. Se aconseja que no incluya al experto externo, puesto que podría inhibir al grupo.
Grupo de Realización	GR	2 personas	El responsable del departamento afectado por el problema y otro directivo de apoyo. Son el cliente para quien trabaja el GC, sus interlocutores. Deben transformar las propuestas del GC en ideas prácticas.
Grupo de Intersección	GI	3 personas	El cliente, el animador del GC y un experto externo escogido por el cliente. Deben adoptar las ideas y ofrecer soluciones reales.

Secuencia:

La secuencia en que intervienen los grupos y las actuaciones que hacen en cada momento son:

1. Grupo de Estado Mayor: *Selecciona el problema* en función de la política y la estrategia de la empresa.
2. Grupo de Realización: *Delimita el problema*, eliminando indefiniciones y ambigüedades. Si el problema es demasiado complejo, define qué parcelas se abordarán. Recopila la información disponible, dentro y fuera de la empresa, para facilitarla al GC. Si es preciso, formula el problema de manera que el GC lo pueda comprender. Cuando recibe las sugerencias del GC, reformula el problema.
3. Grupo de Creatividad: Efectúa un *proceso cíclico: distanciamiento-estímulos-ideas-intersección*.

   3.1. *Distanciamiento*: El GC se distancia del campo de la realidad. Se aparta de la situación actual buscando ideas originales mediante el pensamiento lateral.
   3.2. *Estímulos*: Busca los estímulos creativos basándose en técnicas evocadoras como por ejemplo Sleep-writing, Palabras al azar, Fragmentación, Analogías, Empatía, estímulos visuales (manchas, formas abstractas), etc.
   3.3. *Ideas*: Recopila con suspensión temporal del juicio todas las ideas surgidas a partir de las técnicas creativas empleadas.
   3.4. *Intersección*: Realiza la primera fase de la Intersección. Conecta los estímulos con la realidad, evitando el pensamiento negativo.

4. El GC realizará este ciclo en tantas aproximaciones sucesivas como haga falta para acercar las ideas a la solución. Cuando crea que ya dispone de resultados válidos, los pasará al GI.
5. Grupo de Intersección: Recibe las ideas del GC y hace la *segunda fase de la intersección*. La presencia del experto externo ayudará a acercar más las ideas al problema. Produce soluciones como consecuencia de las intersecciones.
6. Grupo de Realización: Fija los criterios para discriminar entre las soluciones presentadas y evaluarlas. Las evalúa, las prioriza y selecciona las soluciones que se presentarán al GEM. Redacta un informe al GEM justificando las *soluciones propuestas*.
7. Grupo de Estado Mayor: Escoge las *soluciones aprobadas*. Las comunica al GR para su desarrollo.

8. Grupo de Realización: Lleva a cabo un primer *desarrollo de las soluciones acordadas*. Puede designar un responsable encargado del proceso de innovación.

Características del Grupo de Creatividad:

- *Polarización*: Orientación al objetivo.
- *Dimensión*: 6 personas (animador y 5 participantes).
- *Heterogeneidad*: Multidisciplinariedad, miembros con diferente formación, plan profesional, personalidad, sexo, etc. para enriquecer los puntos de vista y enfoques.
- *Estratificación*: Miembros de diferentes niveles jerárquicos para diversificar la visión, siempre y cuando no reste eficacia al grupo.
- *Participación*: Se recomienda sesiones semanales de menos de 3 horas o mensuales en seminarios cerrados de 2 o 3 días.
- *Permanencia*: El grupo mantiene los mismos miembros durante toda su existencia.
- *Autonomía*: En cuanto al funcionamiento, el GC es autónomo y se reúne, a poder ser, en local propio fuera de la empresa. En cuanto a los objetivos, le vienen fijados por el GEM.
- *Flexibilidad*: El GC organiza sus actividades y decide la existencia o no de procedimientos internos que regulen su actividad.
- *Estabilidad*: Su vida se fija en dos años, siempre con los mismos miembros. Las reuniones se hacen siempre plenarias.
- *Comunicación*: Es importante que la comunicación interna sea buena, con el uso de expresiones positivas, escuchando activamente los otros y fijándose incluso en la comunicación no verbal.
- *Confianza*: A tres niveles: confianza en que el grupo tendrá éxito, en que las ideas no son individuales y pertenecen al colectivo y en que cada miembro del GC tiene fuertes capacidades creativas.
- *Clima*: Es imprescindible un clima de cohesión, optimismo y seguridad en el éxito. Se considera que afecta tanto a los resultados del grupo que incluso es conveniente medirlo.

Observaciones

El método Sinapsis es la decantación de la experiencia obtenida por Guy Aznar a través de una práctica continuada en proyectos de creatividad durante varios años de trabajo.

MÉTODO: STORYBOARDING

Creado por: Walt Disney (1930's).
Para uso: Grupal.
Participantes: de 4 a 10.
Técnicas principales que usa: Estimulación por imágenes.
Campo de aplicación: Productos audiovisuales, proyectos de comunicación y/o publicidad.
Requiere: Instinto, Intuición, Lógica y Planificación

Descripción

El Storyboarding –literalmente "historia para subirse a bordo"-- es un método creativo ideado en la década de 1930's por los estudios Walt Disney para ayudar a gestionar la creación de sus dibujos animados. Originalmente era un *guión gráfico*, es decir, un conjunto de ilustraciones mostradas en secuencia con el objetivo de servir de guía para previsualizar una idea, crear una historia y definir la estructura de una película antes de realizarla. Se podría decir que era un "prototipo de baja fiabilidad y bajo coste" del proyecto audiovisual.

Walt Disney creó este método para motivar a los animadores y a la gente de producción a trabajar juntos en el desarrollo de un concepto. Unas ilustraciones hechas rápidamente mostraban el tema central de la historia y, por tanto, una idea embrionaria del argumento y las principales secuencias inicialmente previstas.

El objetivo del storyborading es que cualquiera pueda echar un vistazo a la pizarra y ver de manera casi inmediata de qué va el tema para que se pueda incorporar a proporcionar sus ideas. Es de gran ayuda para la producción final del proyecto porque los detalles más técnicos y complicados sobre la realización de la película pueden ser descritos de manera eficiente en cada cuadro (la imagen), o en una anotación al pie del mismo.

El nivel de detalle usado en un storyboarding está en función del destino final del proyecto audiovisual. En publicidad se suele dejar en forma mucho más general para que el director y el productor aporten su talento y enriquezcan la filmación, mientras que en cine es mucho más técnico y detallado para que sirva de guía a cada miembro del equipo de trabajo.

Modernamente se ha extendido el método con cierto éxito a otros tipos de proyectos creativos, especialmente los que tienen una fuerte carga en aspectos de comunicación y/o publicidad. Es un método efectivo para que los diseñadores ilustren y organicen sus ideas y obtengan el feedback del resto del equipo que interviene en el proceso creativo.

La aplicación del método a temas no audiovisuales puede realizarse siguiendo el siguiente esquema de procedimiento:

1. Disponer de unos cuantos paquetes de tarjetas de 3 x 5 cm. y rotuladores brillantes.
2. Juntar a la gente en una sala de reuniones con un tablero de corcho u otro tipo de mural donde pegar cosas.
3. Escribir el tema a debatir en una tarjeta y situarla en el centro superior del tablero.
4. En el tablero, se ordenan las tarjetas que el equipo va elaborando en tres categorías: Tarjetas del tema (definen el tema principal). Tarjetas de cabecera (para aspectos generales, categorías). Tarjetas de detalle (para ideas, propuestas o consideraciones técnicas que caen en el ámbito de una cabecera).
5. Las tarjetas pegadas en la cartelera deberían tener un aspecto así:

6. Cada miembro del equipo se inspira en las ideas de los demás para buscar interconexiones entre ellas y encontrar nuevas ideas. Se trabaja con suspensión del juicio: todas las ideas son bien recibidas sin la más mínima crítica (ni siquiera positiva).
7. Concretar una segunda sesión, separada de la primera por un mínimo de 24 horas, para proceder a la evaluación crítica de las propuestas surgidas.

Observaciones

Herramientas de visualización:
Los Storyboards son más flexibles hechos a mano, pero ganan realismo, animación e interacción usando programas de ordenador destinados al efecto. El más elemental y popular de los programas disponibles es el PowerPoint. Programas más adecuados para proyectos audiovisuales son, entre otros, TVP Animation de TVPaint, Toonboom Storyboard de Toonboom o Story Planner de Toonz.

Beneficios del método:
- Proporciona una visión general del proyecto.
- Demuestra la funcionalidad de cada elemento del storyboard.
- Muestra la secuencia de elaboración (o de navegación si se trata de una web).
- Ayuda a la comprobación de que el proyecto esté completo y sea coherente.
- Es fácil de comprender y permite que los usuarios finales intervengan en la evaluación crítica.

MÉTODO: TGN - TÉCNICA DE GRUPO NOMINAL

Creado por: Anónimo.
Para uso: Grupal.
Participantes: de 7 a 10 y un relator.
Técnicas principales que usa: Análisis, suspensión del juicio, asociación de ideas.
Campo de aplicación: Proyectos empresariales de cierta envergadura.
Requiere: Intuición, lógica y planificación.

Descripción

El método TGN se desarrolla mediante una reunión estructurada del equipo creativo que procede con las siguientes etapas:

1. *Definición y delimitación del problema.* Va a cargo del cliente (interno o externo) que no participará en el resto del proceso. Se recomienda que se dé por escrito a todos los componentes del grupo y que vaya seguido de un turno de preguntas para aclarar posibles dudas.
2. *Generación de ideas.* Todas las personas están sentadas alrededor de la misma mesa de reuniones pero trabajan por escrito, individualmente y en silencio (sin intercambiar sus opiniones sobre el tema) durante un período de tiempo de reflexión de entre cinco y quince minutos.
3. *Presentación de las ideas.* Por riguroso turno, cada persona presenta su mejor idea. Un relator toma nota escrita de las ideas que se exponen y las relaciona con una frase concisa a la vista de todos en la pizarra, rotafolio o pantalla de proyección del ordenador. Se puede ayudar con las notas de los pensadores y asistirse con una grabadora. En esta fase están prohibidas las críticas y comentarios de cualquier tipo (suspensión del juicio). La presentación por turnos continúa con las siguientes mejores ideas hasta que todos los miembros indican que ya no tienen más ideas que compartir. El producto de esta fase de la reunión es una lista nominal de proposiciones que, por lo regular, incluye entre dieciocho y veinticinco.
4. *Evaluación crítica de las propuestas.* Se establece un debate estructurado sobre la lista nominal de propuestas, de tal manera que se discute cada una de las ideas antes de la votación independiente. Se atienden todas las aclaraciones que puedan necesitarse y se promueve la relación y posible combinación de propuestas con el propósito de depurar la lista.
5. *Priorización de las ideas propuestas.* Votación individual secreta y por escrito sobre la prioridad de las ideas relacionadas. La decisión del grupo se obtiene matemáticamente mediante la ordenación por las categorías o puntuaciones otorgadas democráticamente por el grupo, con respeto absoluto al secreto de voto.

Observaciones:

Aunque ha sido bautizado como "técnica", TNG es en realidad un "método" completo que atañe a todo el proceso creativo.

El método TGN supera diversos problemas que son típicos en otros métodos creativos de grupo. Los beneficios del TNG pueden presentarse como sigue:

- Se aseguran las diferentes operaciones necesarias para cada una de las fases del proceso creativo.
- Se equilibra la participación entre los miembros del grupo y se anulan los excesos de personalismo tan habituales en otros métodos.
- La evaluación crítica es grupal y la decisión final se basa en la votación democrática de todos los miembros del equipo.
- Al mantenerse el secreto de las votaciones, cada persona puede renunciar a sus propias propuestas sin problemas de orgullo mal entendido tan habitual en otros métodos.

La TNG es altamente recomendable para grupos de personas muy introvertidas, poco acostumbradas a expresarse sin tapujos frente a los demás (investigadores, técnicos, expertos financieros, etc.). Estas personas acostumbran a funcionar bastante mal con un brainstorming tradicional porque no se atreven a emitir propuestas disparatadas o absurdas, con lo cual se empobrece mucho la "lluvia de ideas".

MÉTODO: TRIZ – TEORÍA PARA LA RESOLUCIÓN DE PROBLEMAS DE INVENCIÓN

Creado por: Genrich S. Altschuller (entre 1946 y 1985).
Para uso: Individual y grupal.
Participantes: No especificado.
Técnicas principales que usa: Principios inventivos universales, analogías y adaptación.
Campo de aplicación: Problemas de tipo técnico y tecnológico.
Requiere: Lógica y planificación.

Descripción

Es un método originado en Rusia orientado a la resolución de problemas técnicos y/o tecnológicos. Está basado en utilizar la lógica y los datos y evitar totalmente tener que recurrir a la intuición.

Se basa en la hipótesis de que hay unos principios inventivos universales. Éstos son los cimientos para todas las creaciones innovadoras, las cuales hacen avanzar la tecnología. Estos principios pueden ser identificados y codificados, de forma que se pueden enseñar a los creativos para lograr que el proceso inventivo sea más previsible. Intenta *proporcionar repetibilidad, previsibilidad y fiabilidad* al proceso gracias a su estructura y enfoque algorítmico.

Es un método que se basa en una ciencia internacional de la creatividad, extraída por Altschuller y su extenso equipo humano del estudio de los patrones de los problemas técnicos y sus soluciones comprobadas, dejando de lado la creatividad espontánea e intuitiva de los individuos o grupos. La práctica de TRIZ consiste en aprender los patrones de repetición de los problemas-soluciones (creando una base de datos de problemas generales y sus correspondientes soluciones), aprender las pautas de la evolución técnica y de los métodos de utilización de los recursos científicos para identificar cuáles son los patrones generales que se pueden aplicar a la situación específica que el desarrollador tiene enfrente.

Del análisis de más de tres millones de patentes durante más de 50 años se han extraído listas de problemas tipo (problemas generales) y las soluciones generales a los mismos.

Estrategia clave:
La estrategia clave del método es sencilla: *Analogía y adaptación*.

Axiomas básicos:
1. Alguien en algún lugar ya ha solucionado este problema o uno muy similar.
2. La creatividad, en este caso, consiste en encontrar dicha solución y adaptarla a las características del problema particular.

Se trata de ver cuál es el problema general dentro del cual se inscribe nuestro problema particular para ver cuál es la solución general que se ha dado a este tipo de problemas. A partir de este conocimiento, buscaremos el enfoque particular a nuestro caso adaptando una solución tipo. Ver el esquema representado en la *Figura 38*.

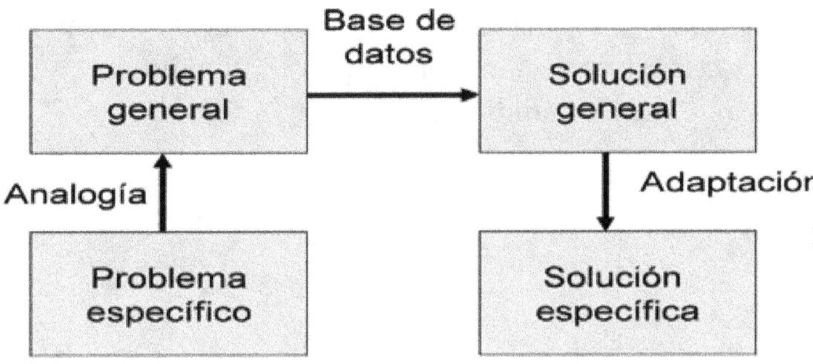

Figura 38. Esquema de transferencia conceptual en TRIZ.

Observaciones

TRIZ son las siglas en ruso de Teoría para la Resolución de Problemas de Invención. A lo largo de más de 50 años, el equipo humano de TRIZ ha analizado más de 3 millones de patentes de todo el mundo, examinando las imágenes, clasificándolas por el nivel de inventiva y analizándolas para conocer sus principios de innovación. Esto ha servido para descubrir los patrones que predicen soluciones innovadoras a los problemas.

TRIZ se está expandiendo en el uso corporativo a través de varios caminos paralelos - cada vez es más común en procesos de control de calidad Six Sigma, en la gestión de proyectos y gestión de riesgos, y en las iniciativas de innovación organizativa.

Para más información sobre el método TRIZ consultar http://www.triz-journal.com.

MÉTODO: DELPHI (variante del Brainwriting)

Creado por: Proyecto RAND (1950-1959).
Para uso: Grupal.
Participantes: de 15 a 20.
Técnicas principales que usa: Opinión de expertos, predicción tecnológica.
Campo de aplicación: Productos y servicios con visión de futuro.
Requiere: Intuición, lógica y planificación.

Descripción

Axioma de partida:
Se basa en el supuesto de que la *previsión de futuro que podemos extraer de un grupo estructurado de expertos va a ser mucho más precisa* que la que podamos obtener de un grupo no estructurado de individuos cualquiera.

Regla básica:
Es regla fundamental *que todos los participantes mantengan el anonimato*. Su identidad no se revela, incluso después de la realización del informe final. Esto se hace para impedir que nadie imponga a los demás su supuesta mayor autoridad y, en consecuencia, sus criterios. Se trata de obtener opiniones sin prejuicios personales, sin efecto de contagio o "efecto halo". La preservación del anonimato favorece que cada experto exprese libremente sus opiniones y no tenga reparos en efectuar autocrítica y admitir sus errores o cambios de opinión cuando las confronta con las de sus colegas.

Procedimiento:
Consiste en aplicar una serie de cuestionarios sucesivos (entre 2 y 5) al grupo de expertos (entre 15 y 25 personas). Se estructura de la siguiente manera:

1. Se constituye el *grupo de expertos* preservando el *anonimato* de cada uno de ellos frente al resto del grupo. (Puesto que los expertos suelen ser gente muy ocupada, deberá establecerse algún incentivo para lograr que acepten el compromiso de participar.)
2. Se les somete al *cuestionario inicial*. Normalmente está formado por pocas preguntas de cuestiones amplias y abiertas, buscando las grandes intuiciones o pronósticos que cada experto tiene sobre la evolución o las tendencias futuras del tema. Se les pide explícitamente que las respuestas sean a base de frases

separadas o párrafos cortos –que eviten contestar en texto continúo– para facilitar el análisis posterior. Pueden pasarse los cuestionarios de forma presencial (el sistema preferible) o a través de correo electrónico. Si se opta por el correo electrónico, será imprescindible montar un sistema de recordatorios a los rezagados.

3. A la luz del análisis de las respuestas recibidas del primer cuestionario, se desarrolla el *segundo cuestionario*, que deberá contener todas las respuestas obtenidas en el primero en una única lista anónima (usando los textos originales de forma que cada participante reconozcan sus propias contribuciones).

4. *Elaboración de los cuestionarios*: Para elaborar los eventuales cuestionarios siguientes hay muchas técnicas diferentes.

> 4.1. *Forma clásica*: La lista de elementos aparecen en el orden de sus puntuaciones medias y se pide a los expertos que hagan los cambios que ellos crean que debería haber en la ordenación. Se detienen las rondas cuando vemos que emerge un patrón estable. Hay que tener en cuenta que muy pocos grupos de expertos van a tener paciencia para tantas rondas, a no ser que el tema también sea de gran importancia para ellos.
>
> 4.2. *Técnica alternativa*: De los cuestionarios 3 y siguientes se imprimen tan sólo los elementos puntuados por encima de un determinado nivel y se eliminan los restantes. Se imprimen en tarjetas individuales (una tarjeta por tema) y se pide a los expertos que las ordenen en conjuntos relacionados.

5. Se pide a los encuestados que: (a) añadan cualquier elemento que crean que falta en la lista combinada, y (b) que puntúen en una *escala de Likert la prioridad, factibilidad, relevancia y validez* que otorgan a de cada uno de los elementos de la lista.

6. Un Delphi breve podría acabar el análisis en este punto (saltando al paso 7), pero uno más extenso podría continuar con 2 o 3 rondas más de cuestionarios.

7. *Análisis de las convergencias*. El resultado de este procedimiento puede ser bastante extenso, especialmente cuando se usa Delphi para aflorar y priorizar preocupaciones o pronósticos de tendencias. Un grupo de 20 miembros puede generar fácilmente de 15 a 20 asuntos cada uno –lo cual nos da entre 300 y 400 elementos diferentes–, por lo que, como en cualquier forma de brainstorming o brainwriting, será necesario algún tipo de análisis convergente sobre las respuestas obtenidas. Se aplica una técnica de análisis convergente al resultado final de los cuestionarios y se genera la síntesis buscada.

8. *Informe resumen.* Ya que los miembros del grupo han sido escogidos por sus conocimientos y/o implicación directa, seguramente tendrán bastante interés en el resultado por lo que, normalmente, a cada uno se le envía un informe resumen y una carta de agradecimiento al final del proyecto.

Observaciones

Este método es una variante particular del brainwriting (brainstorming por escrito). Su nombre quiere destacar la función de "oráculo" que realiza (Oracle of Delphi).

Es un método desarrollado en la corporación RAND (Research ANd Development) en los años 50, al inicio de la llamada Guerra fría, para recoger la opinión de un grupo de expertos y poder hacer predicciones sobre el daño potencial de un ataque con bombas atómicas. Además de ser útil para la predicción tecnológica, también lo es para aflorar y juzgar componentes de temas confusos.

La peor contrapartida de los formularios de Delphi radica en la elevada carga administrativa que requiere, pero nos puede facilitar la vida el uso de cualquiera de los programas informatizados que incorporan con éxito la gestión del método Delphi.

MÉTODO: SEIS SOMBREROS PARA PENSAR

Creado por: Edward de Bono (1985).
Para uso: Individual y grupal.
Participantes: de 1 a 10.
Técnicas principales que usa: Abierto al uso de todas las técnicas creativas.
Campo de aplicación: Productos, servicios, procesos (cualquier tema de debate).
Requiere: Instintos, emociones, intuición, lógica y planificación.

Descripción

Es un método que busca el empleo de las cinco dimensiones de la mente al completo y de manera totalmente libre. Se adapta a las personas que forman el equipo, al problema concreto y al entorno particular. Utiliza un código visual que hace que en todo momento el equipo creativo sepa a qué atenerse.

Las reglas del método son muy simples. Seis sombreros –imaginarios o reales– de *seis colores distintos* nos indican en cada momento el *tipo de pensamiento* que la persona va a formular. Los sombreros involucran a los participantes en una especie de juego de rol mental. En cualquier momento un pensador puede escoger el color de su sombrero (su *manera de aproximarse al tema*) o puede ser instado por el resto del equipo a cambiar de color. Una persona puede mantener el mismo color de sombrero durante toda la reunión o cambiarlo tan a menudo como le convenga. Cuando alguien se pone el sombreo azul indica que quiere planificar el transcurso de la reunión –ocasión que puede aprovechar para proponer secuencias de utilización organizada de los distintos sombreros (maneras de enfocar el tema).

Blanco: *Pensamiento racional*
Una mirada objetiva a los datos y a la información. "Los hechos son los hechos".

Rojo: *Pensamiento emocional*
Se expresan las emociones, los sentimientos y los posibles presentimientos, sin necesidad de justificarse.

Negro: *Pensamiento analítico negativo*
Significa la crítica, la lógica negativa, el juicio y la prudencia. El porqué de que algo pueda ir mal.

Amarillo: *Pensamiento analítico positivo*
Simboliza el optimismo, la lógica positiva, la factibilidad y los beneficios.

Verde: *Pensamiento creativo*
Indica que se van a usar el instinto y la intuición para expresar nuevas percepciones, nuevos conceptos, ideas originales, posibilidades alternativas.

Azul: *Pensamiento planificador*
Se proponen secuencias y actuaciones concretas para el control y gestión del proceso de pensamientos.

Contempla los clásicos argumentos en pro (sombrero amarillo) y en contra (sombrero negro) pero los acompaña de una exploración creativa que busca nuevas alternativas (sombrero verde).

Los sombreros son más efectivos usados a ratos - utilizando un sombrero en cada momento para obtener un determinado tipo de pensamiento.

Cuando es necesario explorar un tema completamente y de manera efectiva, se puede crear una secuencia de sombreros y después usarlos cada uno por turnos: "Sugiero que empecemos con el blanco y después cambiemos al verde y...".

El sombrero azul se utiliza para componer estas secuencias, para comentar sobre el tipo de pensamiento que se está produciendo, para resumir lo que se ha pensado y llegar a conclusiones.

Observaciones

El método puede parecer extremadamente simple e incluso infantil, pero funciona. He aquí algunos de los beneficios que reporta:

- Es fácil de aprender y de utilizar.
- La visualización de los sombreros y de los colores lo hace atractivo a las personas poco habituadas a sesiones de trabajo colaborativo.
- Garantiza que se dedicará tiempo al esfuerzo creativo deliberado. Cualquiera puede pedir "cinco minutos de pensamiento con sombrero verde".
- Permite la expresión legítima de sentimientos y prevenciones sin que haga falta acompañarlas de justificaciones ni disculpas. Cuando alguien dice "Esto es lo que siento", se entiende que es como si llevara el sombrero rojo.
- Proporciona una manera simple y directa de conmutar el pensamiento que se acaba de expresar sin ofender a nadie ni entrar en diatribas. Diremos: "¿Qué tal un poco de pensamiento de sombrero amarillo sobre este punto?"
- Facilita que todos los pensadores se esfuercen en utilizar cada uno de los sombreros en vez de quedarse encerrados en sólo un tipo de pensamiento como suele pasar a veces en este tipo de sesiones.
- Separa el ego del rendimiento productivo de los pensamientos. Libera las mentes capaces para poder examinar el tema más completamente.
- Proporciona un método flexible y adaptable de pensar para utilizar diferentes aspectos del pensamiento en la mejor secuencia posible.

Las cinco dimensiones de la mente:
El método se basa en aprovechar todas las dimensiones de la mente: instintos, emociones, intuiciones, razonamientos y capacidad de planificación –ver Guilera (2006)– pero advirtiendo previamente qué dimensión mental se esta aplicando. Ello obliga a cada participante a clasificar claramente el sentido de cada una de sus aportaciones y evita, por ejemplo, las típicas confusiones de tomar simples intuiciones por hechos demostrados o viceversa.

Uso individual:
Este método también tiene utilidad para uso individual. Ayuda al creador, entre otras cosas, a situar claramente la separación entre intuiciones y deducciones, entre deseos y realidad.

MÉTODO: BIÓNICA

Creado por: Leonardo da Vinci (1452 – 1519).
Para uso: Individual y grupal.
Participantes: de 1 a 10.
Técnicas principales que usa: Analogías con los seres vivos, observación científica.
Campo de aplicación: Productos, servicios y sistemas basados en tecnologías emergentes.
Requiere: Instinto, intuición, lógica, planificación.

Descripción

La *biónica* es la aplicación de soluciones inspiradas en la Biología a la técnica de los sistemas de arquitectura, ingeniería, diseño de productos y tecnología moderna. Se trata de utilizar la observación de los seres vivos para estimular nuestras ideas sobre funciones a realizar o manera de construir los mecanismos y aparatos necesarios. La botánica y la zoología son las dos principales fuentes de inspiración para el método biónico.

Los seres vivos aportan buenas fuentes de inspiración porque son máquinas complejas, dotadas de una gran variedad de instrumentos de medición, de análisis, de recepción de estímulos y de respuesta a los mismos.

Dentro de la biónica se inscriben la *robótica* y la *inteligencia artificial* (IA), que pretenden crear máquinas que se comporten como seres vivos, capacitadas para observar un comportamiento inteligente y aprender de él.

A la hora de querer completar el proceso creativo, en las fases de elaboración final el método biónico requiere la intervención de especialistas en varias disciplinas –biológicas y tecnológicas– con objeto de descubrir las estructuras internas de las soluciones del mundo vivo y ser capaz de trasladarlas a aparatos nuevos con las tecnologías y materiales más apropiados. Una vez centrada la solución que se pretende desarrollar, hacen falta grandes cantidades de investigación y rigor científico para elaborar el producto. En estas etapas posteriores las estrategias fundamentales a aplicar son la observación y la analogía.

Observaciones

Probablemente el creador más sobresaliente en la aplicación del método biónico haya sido Leonardo da Vinci.

Ejemplo 1: Las aletas de submarinismo
Están inspiradas en las aletas de los ánades.

Ejemplo 2: El radar
El radar se inspiró en la ecolocalización que tienen los murciélagos para no chocar con los objetos en la oscuridad (son casi ciegos).

Ejemplo 3: El velcro
En 1941 el ingeniero suizo George de Mestral se fijó en la forma en que la planta Xanthium spinosum se adhería a la ropa y a los pelos de su perro. El velcro reproduce el sistema de adherencia de esta planta.

Anexo III
Un ejemplo magnífico de fluidez mental

El siguiente relato lo encontramos en agosto de 2010 en:
http://www.innovaforum.com/tecnica/alternat_bohr_e.htm

Sir Ernest Rutherford, presidente de la Sociedad Real Británica y Premio Nobel de Química en 1908, contaba la siguiente anécdota:

Hace algún tiempo, recibí la llamada de un colega. Estaba a punto de poner un cero a un estudiante por la respuesta que había dado a un problema de física, pese a que el muchacho afirmaba rotundamente que su respuesta era absolutamente acertada. Profesores y estudiantes acordaron pedir el arbitraje de alguien imparcial y fui elegido yo.

Leí la pregunta del examen y decía: "¿Cómo mediría usted la altura de un edificio con un barómetro?".

El estudiante había respondido: —Llevo el barómetro a la azotea del edificio y le ato una cuerda muy larga. Lo descuelgo hasta la base del edificio, marco y mido. La longitud de la cuerda es igual a la altura del edificio.

La respuesta era correcta, pero en la resolución no aplicaba las características propias del barómetro, si no las de cualquier objeto que hiciera de plomada.

Sugerí que se le diera al alumno otra oportunidad. Le concedí seis minutos para que me respondiera a la misma pregunta, pero esta vez con la advertencia de que en la respuesta debía demostrar sus conocimientos de física. Habían pasado cinco minutos y el estudiante no había escrito nada. Le pregunté si deseaba marcharse, pero me contestó que tenía muchas respuestas al problema. Su dificultad era elegir la mejor de todas. Me excusé por interrumpirle y le rogué que continuara. En el minuto que le quedaba, escribió la siguiente respuesta:

— Tomo el barómetro y lo dejo caer a la calle desde la azotea del edificio. Mido el tiempo de caída con un cronómetro. Después aplico la formula de la caída libre y así obtengo la altura del edificio.

En este punto le pregunté a mi colega si el estudiante se podía retirar. Le dio la nota más alta y lo despidió. Tras abandonar el despacho, me reencontré con el estudiante y le pedí que me contara sus otras respuestas a la pregunta.

– Bueno – respondió – hay muchas respuestas. Por ejemplo, tomas el barómetro en un día soleado y mides su altura y la longitud de su sombra. Si medimos a continuación la longitud de la sombra del edificio y aplicamos una simple proporción, obtendremos fácilmente la altura del edificio.
– Perfecto le dije. ¿Y hay otra solución?
– Si contestó. Éste es un procedimiento muy elemental para medir un edificio, pero también sirve.
Tomas el barómetro y te sitúas en las escaleras del edificio en la planta baja. Según subes las escaleras, vas marcando la altura del barómetro en la pared y cuentas el número de marcas hasta la azotea. Multiplicas la altura del barómetro por el número de marcas que has hecho y ya tienes la altura.
– Es un método muy directo, por supuesto.
– Y si lo que se quiere es un procedimiento más sofisticado, puedes atar el barómetro a una cuerda, lo descuelgas desde la azotea hasta la calle y lo mueves como si fuera un péndulo. Así puedes calcular la altura midiendo su período de oscilación.
– En fin, – concluyó – existen otras muchas maneras, pero, probablemente, la mejor sea tomar el barómetro y golpear con él la puerta de la casa de la portera. Cuando abra, decirle: "Señora portera, aquí tengo un bonito barómetro. Si usted me dice la altura de este edificio, se lo regalo".

En ese momento de la conversación, le pregunté si no conocía la respuesta convencional al problema: la diferencia de presión marcada por un barómetro en dos lugares diferentes nos proporciona la diferencia de altura entre ambos.
– Ciertamente la conozco, pero durante mis estudios, los profesores han intentado enseñarme a pensar.

El estudiante se llamaba *Niels Bohr*, físico danés, premio Nobel de Física en 1922.

Referencias bibliográficas

Adams, L. A. (1993). *Guías y juegos para superar bloqueos mentales*. Barcelona: Gedisa.

Allen, M. S. (1967). *Morphological Creativity: The Miracle of Your Hidden Brain Power*. Englewood Cliffs, NJ: Prentice-Hall, Inc.

Alonso Monreal, C. (2001). *¿Qué es la creatividad?* Madrid: Biblioteca Nueva.

Amabile, T. M. (1983). *The social psychology of creativity*. New York: Harcourt Brace.

Amabile, T. M. (1998). "How to Kill Creativity". *Harvard Business Review 76, no.* 5 (September-October): 76-87.

Anderson, H. H. (editor) (1959). *Creativity and its cultivation*. New York: Harper.

Ascarin, N. (2001). *El cerebro del rey*. Barcelona: RBA.

Aznar, G. (1974). *La Creatividad en la empresa: organización práctica y técnicas de animación*. Vilassar de Mar: Oikos-Tau.

Barron, F. X. (1968). *Creativity and personal freedom*. New York: Van Nostrand Reinhold.

Beauport, E. (1996). *The three faces of mind*. Wheaton: Quest Books.

Boden, M. (1991). *The creative mind. Myths and mechanisms*. New York: Basic Books.

Bruner, J. S. (1985). *En busca de la mente*. México: Fondo de Cultura Económica.

Buzan, T. (1996). *El libro de los Mapas Mentales*. Barcelona: Ediciones Urano.

Churba, C. A. (2007). *La creatividad. Un enfoque dinamizador de las personas y las organizaciones*. Buenos Aires: Editorial Dunken.

Corbalán, F. J., Martínez Zaragoza, F., Donolo, D. S., Alonso Monreal, C., Tejerina Arreal, M. & Limiñana Gras, R. M. (2003). *CREA. Inteligencia creativa. Una medida cognitiva de la creatividad*. Madrid: TEA Ediciones.

Coulson, T. & Strickland, A. (2000). *How they think of that? (WoW!, The principles of creativity)*. Seminole, FL: Applied Creativity Inc.

Crawford, R. (1954). *Techniques of creative thinking*. New York: Hawthorn Books.

Csikszentmihalyi, M. (1988). *Motivation and creativity: Toward a synthesis of structural and energistic approaches to cognition*. New Ideas in Psychology. 6 (2) 159-176.

Csikszentmihalyi, M. (1995). *Creativity: Flow and the Psychology of Discovery and Invention*. Nueva York: Harpercollins.

De Bono, E. (1986). *El pensamiento lateral*. Barcelona: Paidós.

De Bono, E. (1990). *Ideas para profesionales que piensan. Nuevas consideraciones sobre el pensamiento lateral aplicadas a la empresa*. Barcelona: Paidós.

De Bono, E. (1994). *El pensamiento creativo: el poder del pensamiento lateral para la creación de nuevas ideas*. Barcelona: Paidós.

De Bono, E. (1997). *Seis sombreros para pensar*. Barcelona: Granica.

De la Torre, S. (1982). *Educar en creatividad*. Madrid: Editorial Narcea.

De la Torre, S. (1991). *Educación de la creatividad. TAEC, un instrumento de apoyo a la reforma*. Madrid: Escuela española.

De la Torre, S. (1995). *Creatividad aplicada*. Madrid: Escuela española.

De Prado, D. (1998). *Técnicas creativas y lenguaje total*. Madrid: Narcea.

Demory, B. (1991). *Técnicas de creatividad*. Buenos Aires: Granica.

Eberle, B. (1996). *Scamper: creative games and activities for imagination development*. Chicago: Sourcebooks.

Fernández Romero, A. (2005). *Creatividad e innovación en empresas y organizaciones. Técnicas para la resolución de problemas*. Madrid: Diaz de Santos.

Gardner, H. (1988). *"Creativity: an interdisciplinary perspective"*. Creative Research Journal. 1, 8-26.

Gardner, H. (1994). *Estructuras de la mente: La teoría de las inteligencias múltiples*. México: Fondo de Cultura Económica.

Gardner, H. (1995). *Mentes Creativas*. Barcelona: Paidós.

Gardner, H. (1999). *Intelligence reframed: multiple intelligences for the 21 st century.* New York: Basic Books.

Garnham, A. & Oakhill, J. (1996). *Manual de Psicología del Pensamiento*. Barcelona: Paidós.

Getzels, J. & Jackson, P. W. (1962). *Creativity and intelligence: Explorations with gifted students.* New York: Willey & Sons.

Giberenzer, G. (2008). *Decisiones instintivas: la inteligencia del inconsciente.* Barcelona: Ariel.

Gladwell, M. (2005). *La inteligencia intuitiva*. Barcelona: Taurus.

Gobé, M. (2005). *Branding emocional*. Barcelona: Divine egg Publicaciones.

Goldberg, E. (2002). *El cerebro ejecutivo: lóbulos frontales y mente civilizada*. Barcelona: Crítica.

Gordon, W. J. J. (1963). *Sinéctica. El desarrollo de la capacidad creadora.* México: Editorial Herrero Hnos.

Grinberg - Zylberbaum, J. (1983). The orbitals of conscieousness. A neurosyntergic approach to the discrete levels of concious experience. *Psychoenergetics.* 5, 235-242

Guilera, L. (1998). *La educación de la inteligencia: El placer de desarrollar la inteligencia con un método lúdico.* Barcelona: Almon.

Guilera, L. (2002). *Vías de acceso conceptual en la resolución de problemas. Importancia de los estímulos sensoriales.* Tesis doctoral, inédita, Bellaterra: Universitat Autònoma de Barcelona.

Guilera, L. (2006). *Más allá de la inteligencia emocional: las cinco dimensiones de la mente.* Madrid: Thomson Paraninfo.

Guilford, J. P. (1950). "Creativity". *American Psychologist.* 5, 444-454.

Guilford, J. P. (1987). *Creativity research: Past, present and future.* In S. G. Isaksen (Ed.).

Guilford, J.P. (1991). *Creatividad y educación*. Barcelona: Paidós.

Guzmán, M. de (1994). *Para pensar mejor: Desarrollo de la creatividad a través de los procesos matemáticos*. Barcelona: Pirámide.

Hernández, C. (1999). *Manual de Creatividad Publicitaria*. Madrid: Síntesis.

Kahneman, D. & Slovic, P. & Tversky, A. (Eds.) (1982). *Judgement under uncertainty: Heuristic and Biases*. New York: Cambridge Unversity Press.

Koestler, A. (1965). *Le cri d'Archimède: l'art de la Découverte et la découverte de l'Art*. Paris: Calmann-Lévy.

Koestler, A. (1976). *The act of creation*. Londres: Hutchinson.

Köhler, W. (1925). *The mentality of apes*. New York: Harcourt Brace Jovanovich.

Kubie, L. S. (1961). *The neurotic distortion of the creative process*. New York: Noon-day Press.

Landau, E. (1987). *El vivir creativo. Tería y práctica de la creatividad*. Barcelona: Herder.

Leavitt, H., Pondy, L. R. & Boje, D. M. (1964). *Readings in Managerial Psychology*. Chicago: University Chicago Press.

Machado, L. A. (1975). *La Revolución de la inteligencia*. Barcelona: Seix Barral.

Machado, L. A. (1983). *Desarrollo de la inteligencia*. Sena: Ministerio de Trabajo y Seguridad Social.

Marín, R. & De La Torre, S. (1991). *Manual de la Creatividad*. Barcelona: Vicens Vives.

Marina, J. (1993). *Teoría de la inteligencia creadora*. Barcelona: Anagrama.

Maslow, A. (1983). *La personalidad creativa*. Buenos Aires: Kairós.

Matussek, P. (1984). *La creatividad desde una perspectiva psicodinámica*. Barcelona: Herder.

Mayer, R. (1999). "Fifty years of creativity research". En R.J. Sternberg (Ed.), *Handbook of Creativity*. New York: Cambridge University Press.

McKim, R. H. (1972). *Experiences in Visual Thinking*. Boston: PWS Engineering.

Metcalfe, J. & Wiebe, D. (1987). Intuition in insight and noninsight problem solving, *Memory and Cognition, 15*, pp. 238-246.

Michalko, M. (1999). *Thinkertoys: Cómo desarrollar la creatividad en la empresa.* Barcelona: Gestión 2000.

Michalko, M. (2000). *Los secretos de los genios de la creatividad.* Barcelona: Gestión 2000.

Motterlini, M. (2010). *Trampas mentales.* Barcelona: Paidós.

Myers, D. G. (2003). *Intuición, el poder y el peligro del sexto sentido.* Barcelona: Paidós.

Nickerson, R.S. Perkins, D. y Smith, EE. (1989). *Enseñar a pensar.* Barcelona: Paidós.

Osborn, A. F. (1953). *Applied Imagination: Principles and Procedures of Creative Problem Solving.* New York: Charles Scribner's Sons.

Parra Duque, D. (2004). *CreativaMente.* España: Grupo Editorial Norma.

Penagos, J. C. (1997). *El origen de la creatividad. Calidad y Excelencia,* 2 (13), 4-8.

Penagos, J. C. y Aluni, R. (2000). *Creatividad, una aproximación.* Revista.

Perkins, D. N. (1990). *The nature and nurture of creativity.* En B. F. Jones & L. Idol (Eds.), *Dimensions of thinking and cognitive instruction* (p. 415–443). Hillside: Lawrence Erlbaum Associates, Inc.

Piatelli-Palmarini, M. (1995). *Los túneles de la mente: ¿Qué se esconde tras nuestros errores?* Barcelona: Crítica.

Plucker, J. y Renzulli, J. (1999). *Psychometric approaches to the study of human creativity.* En R.J. Sternberg *(Ed.), Handbook of Creativity.* New York: Cambridge University Press.

Poincaré, H. (1908). *Science et méthode.* Paris: Flamarion.

Ponti, F. & Ferràs, X. (2008). *Pasión por innovar.* Grupo Editorial Norma. Psicología. Edición Especial Año 2000. Págs. 3-11.

Puente Ferrreras, A. (1999). *El cerebro creador.* Madrid: Alianza Editorial.

Ray, Paul H. & Anderson, S. R. (2000). *The Cultural Creatives.* New York: Harmony Books.

Rodríguez Estrada, M. (1987). *Manual de Creatividad.* México: Trillas.

Rodríguez Estrada, M. (1997). *El pensamiento creativo integral.* México: McGraw Hill.

Rogers, C. R. (1991). *Libertad y Creatividad en la Educación.* Barcelona: Paidós.

Rogers, C. R. (1954). Towards a theory of creativity. *ETC: A Review of General Semantics.* 11, 249-260.

Romo, M. (1997). *Psicología de la creatividad.* Barcelona: Paidós.

Romo, M, Alfonso, V. Y Sánchez-Ruiz, M. J. (2009). *TCI, Test de Creatividad Infantil.* Madrid: TEA Ediciones.

Root-Bernstein, R . & M. (2002). *El secreto de la creatividad.* Barcelona: Kairos.

Rubia, F. J. (2000). *El cerebro nos engaña.* Barcelona: Temas de Hoy.

Runco, M. & Sakamoto, S. (1999). *Experimentals studies of creativity.* En R.J. Sternberg (Ed.), *Handbook of Creativity.* New York: Cambridge University Press.

Scheerer, M. (1972). Problem-solving. *Scientific American,* 208(4), 118-128.

Sefchovich, G. y Waisburd, G. (1987). *Hacía una Pedagogía de la Creatividad.* México: Trillas.

Sikora, J. (1979). *Manual de métodos creativos.* Buenos Aires: Kapelusz.

Sternberg, R. & Lubart, T. (1999). "The concept of Creativity: Prospects and Paradigms". En R.J. Sternberg (Ed.), *Handbook of Creativity.* New York: Cambridge University Press.

Sternberg, R. y Lubart, T. (1997). *La creatividad en la cultura conformista. Un desafío a las masas.* Barcelona: Paidós.

Taylor, J. A. (1959). *The nature of the creative process.* New York: Hastings House.

Tinbergen, N. [1975], 1951. *El estudio del instinto.* México: Siglo XXI.

Torrance, E. P. (1962). *Guiding creative talent.* Englewood Cliffs, New Jersey: Prentice-Hall.

Torrance, E. P. y Miers, R. (1976). *La enseñanza creativa*. Madrid: Santillana.

Torrance, E.P. (1966). Torrance Tests of Creative Thinking (TTCT). Norms Technical Manual. Princeton, NJ: Personal Press Inc.

Torres, P. (2001). *El manual del inventor: Guía para inventores y creativos*. Barcelona: Planeta Prácticos.

Vance, M. & Deacon, D. (1995). *Think Out of the Box*. Pompton Plains, NJ: Career Press.

Von Oech, R. (1987). *El despertar de la creatividad*. Madrid: Díaz de Santos.

Wallas, G. (1926). *The Art of Thought*. New York: Harcourt, Brace and Company.

Zwicky, F. (1969). *Discovery, invention, research though morphological approach*. New York: Mac Millan.

Enlaces recomendados

Creative Thinking Techniques, by Robert Harris
http://www.virtualsalt.com/crebook2.htm

Ilusionario
http://www.ilusionario.es/

Innovaforum
http://www.innovaforum.com/indice.htm

Introduction to Creative Thinking, by Robert Harris
http://www.virtualsalt.com/crebook1.htm

Inventario de Competencias de Creatividad para individuos (ECCI-i), de Robert Epstein
http://mishabilidadescreativas.com/

Inventos para mejorar los paraguas
http://www.thecoolist.com/dry-tech-the-20-coolest-umbrellas-youll-ever-see/

Neuronilla
http://www.neuronilla.com/

Revista "Creatividad y sociedad"
http://www.creatividadysociedad.com/

Test de la Panamericana School of Art and Design
http://www.toxel.com/inspiration/2009/05/06/school-of-art-and-design-creativity-test/

Lean Six Sigma Yellow Belt. Manual de certificación

Lean Six Sigma Institute

Cómo participar en ferias comerciales

Cristina Peña Andrés

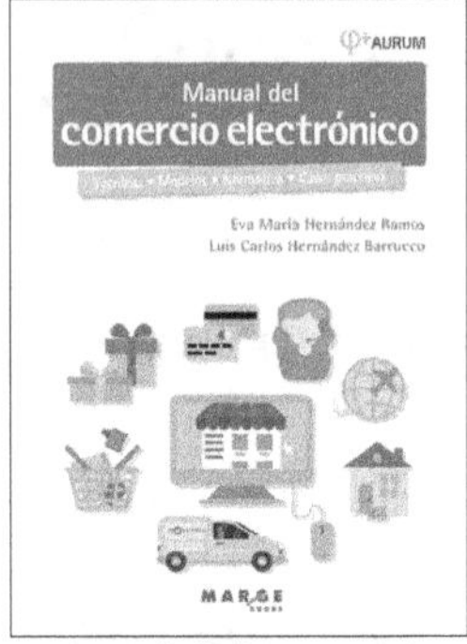

Manual del comercio electrónico

Eva María Hernández Ramos, Luis Carlos Hernández Barrueco

Manual de estrategia de operaciones

Ángel Caja Corral

Lean Company. Más allá de la manufactura

Luis Socconini

Manual de uso de las reglas Incoterms 2020

Alfonso Cabrera Cánovas

Manual de transporte para el comercio internacional

Cristina Peña Andrés

Manual de prevención de riesgos laborales

Blas Gómez

Mass customization. Las claves de la personalización masiva

Blas Gómez Gómez

Lean Six Sigma. Sistema de gestión para liderar empresas

Luis Socconini, Carlo Reato

Cerebro, inteligencias y mapas mentales

*Zoraida G. de Montes,
Laura Montes G.*

La Industria 4.0 en la sociedad digital

*Antoni Garrell Guiu,
Llorenç Guilera Agüera*

Lean Energy 4.0. Guía de Implementación

Luis Socconini, Juan Pablo Martín

Lean Manufacturing. Paso a paso

Luis Socconini

Lean Services. Certification Manual

Luis Socconini

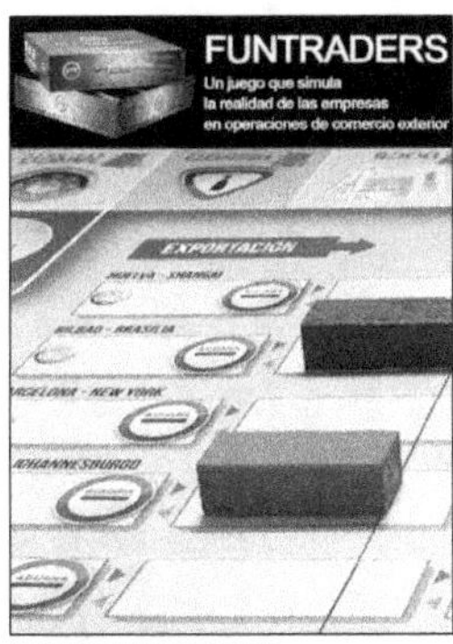

FUNTRADERS Un juego para aprender comercio internacional

Manual de gestión aduanera. Normativas y procedimientos clave del comercio internacional

Pedro Coll

Técnicas para ahorrar costos logísticos. Aurum 2

Luis Carlos Hernández Barrueco

MARGE BOOKS

València, 558 – 08026 Barcelona – Tel. +34-931 429 486 – marge@margebooks.com – www.margebooks.com